Hygge, Lykke & Lagom

Der skandinavische Schlüssel zu einem rundum glücklichen Leben. Der 3 in 1 Ratgeber für mehr Gelassenheit und Gemütlichkeit im Alltag und zu Hause.

1.Auflage

ISBN: 9798727213582

Der skandinavische Weg zum Glück

Wer an Skandinavien denkt, der hat oftmals malerische Fjorde, sprudelnde Geysire und helle Sommernächte vor Augen. Gleichzeitig werden die skandinavischen Länder auch mit der kalten Jahreszeit und mit langen und dunklen Wintern in Verbindung gebracht. Wieso genau schaffen es die Skandinavier schlussendlich aber immer wieder, die ersten Plätze des „World Happiness Reports" zu besetzen? Seit 2013 schaffen es die fünf skandinavischen Länder Finnland, Dänemark, Norwegen, Schweden und Island jedes Jahr aufs Neue unter die Top Ten der glücklichsten Länder der Welt. Insbesondere die Gold-, Silber- und Bronzemedaille, also die ersten drei Plätze dieses Rankings, sind dabei immer wieder von skandinavischen Ländern besetzt. [i]

Was genau sorgt nun dafür, dass die Menschen im Norden offensichtlich so viel glücklicher sind als wir in Deutschland oder in Österreich? Schließlich liegt Deutschland beim Ranking der glücklichsten Länder (in den Jahren 2017 bis 2019) auf Platz 17, während Österreich zumindest den neunten Platz erreichte.[ii] Doch die ersten sieben Plätze dieses Glücks-Vergleiches sind belegt von skandinavischen Ländern sowie der Schweiz.[iii] Dabei finden wir im Norden nicht die tropischen Begebenheiten vor, die wir in der Regel mit dem Glücklich-Sein verbinden. Wer kann schon unglücklich sein, während er mit einem Cocktail bei 25°C in der Sonne liegt? Das Wetter in den skandinavischen Ländern tendiert eher dazu, kalt und ungemütlich zu sein, was wir schnell mit einem eher trostlosen und unglücklichen Leben in Verbindung bringen. Tatsächlich wurde aber herausgefunden, dass nicht das Wetter bestimmt, wie glücklich wir sind, sondern viele andere Begebenheiten, wie das Wohlfahrtsmodell der Staaten, welches in skandinavischen Ländern viele Sozialleistungen beinhaltet und auch der Grad der Arbeitsmarktregulierung, welcher eine positive Wirkung auf die Lebenszufriedenheit der Menschen haben kann. Zusätzlich dazu sorgt eine intakte Regierung dafür, dass die Zufriedenheit der Skandinavier in den letzten Jahren gleichbleibend hoch war und mit aller Voraussicht auch in den nächsten

Jahren sein wird. Selbstverständlich dürfen auch nicht die atemberaubende Natur, die langen Sommermonate sowie der Platz nicht außer Acht gelassen werden, denn die Länder im Norden sind bei weitem nicht so dicht besiedelt, wie wir das in Deutschland, der Schweiz oder Österreich gewohnt sind.

All diese aufgezählten Begebenheiten sind etwas, was wir nicht einfach mal eben so ändern können. Insbesondere als einzelne Privatpersonen ist es schier unmöglich, das Wohlfahrtsmodell des Staats zu verändern oder mal eben die Regierung so umzustellen, bis man zufrieden ist – zumal eine gleichbleibende Zufriedenheit der Gesamtbevölkerung mit nur einer (einseitigen) Regierung ohnehin nur schwierig zu erreichen wäre. Müssen wir also nach Schweden, Norwegen oder Dänemark auswandern, um endlich glücklich zu sein? Die Antwort ist: Nein! Wir können genau dortbleiben, wo wir gerade sind und direkt vor Ort an unserem Glück arbeiten. Die Skandinavier profitieren nämlich nicht nur von einer hochwertigen Regierung, toller Natur und guten Regelungen für die jeweiligen Länder, sie haben auch genau die richtige Lebenseinstellung. *Hygge, Lykke* und *Lagom* – die Lehren von der Gemütlichkeit, vom Glück und vom Mittelmaß verhelfen den Skandinaviern zu einem positiven und glücklichen Leben rund ums Jahr. Während insbesondere der Begriff *Hygge* auch hier immer häufiger in Schaufenstern oder Hotels gesehen wird, sind die Konzepte von *Lykke* und *Lagom* noch weitestgehend unbekannt. Hinter dem Begriff *Hygge* zum Beispiel versteckt sich auch deutlich mehr als das Design-Konzept, was wir hinter diesem Wort vermuten.

Dieser Ratgeber wird Ihnen die drei Konzepte, die hinter den Begriffen *Hygge, Lykke* und *Lagom* stehen, im Detail erklären und Ihnen zeigen, wie Sie eben diese Konzepte dauerhaft in Ihren Alltag integrieren können. Dabei geht es nicht nur darum, mehr Kerzen zu nutzen oder das Sofa im Wohnzimmer mit bestickten Kissen zu versehen – hierbei handelt es sich um wahre Lebens-Konzepte, die Ihnen auf verschiedene Art und Weise mehr Glück im Leben schenken können und Sie so schlussendlich in einen positiveren und glücklicheren Menschen verwandeln können. Von den Skandinaviern können wir uns also nicht nur in Sachen Regierung und Wohlfahrt eine Scheibe abschneiden, sondern auch von der Lebenseinstellung, denn diese hat das Potential alles Negative zu überschatten und trotz widriger Umstände zu einem positiven und hochwertigen Leben zu verhelfen.

Helfen Sie Ihrem Glück mithilfe der skandinavischen Glücks- und Wohlfühl-Konzepte auf die Sprünge: *Hygge, Lykke* und *Lagom*!

Hygge

['hygə] **Substantiv** *norwegisch, dänisch*

Wohlbefinden und Gemütlichkeit als Lebensprinzip.

Der Begriff *Hygge* ist seit einiger Zeit in aller Munde. Wir sehen ihn immer wieder, auch fernab von Dänemark, im minimalistischen Design auf weißen Postern im Schlafzimmer, auf Kerzen oder künstlerisch verziert auf einem Kissen im Wohnzimmer. Doch was bedeutet *Hygge* überhaupt und inwiefern vermag dieses Konzept Ihnen zu einem glücklicheren und hochwertigeren Leben verhelfen?

Fangen wir zunächst einmal mit dem Wort an sich an. Der Begriff *Hygge* stammt tatsächlich gar nicht aus Dänemark, sondern entsprang ursprünglich der norwegischen Sprache. Dort bedeutet er so viel wie *das Wohlbefinden* oder *das Wohlfühlen.* Tatsächlich ähneln sich die dänische und norwegische Sprache jedoch stark, weil beide Länder von 1380 bis 1814 ein und demselben Königreich angehörten. Die Dänen und die Norweger können sich also sogar heute noch problemlos miteinander verständigen. Erst zu Ende des 18. Jahrhunderts konnte das Wort *Hygge* dann zum ersten Mal in der dänischen Sprache nachgewiesen werden, seitdem hat es jedoch eine große Bedeutung für die Dänen und auch viele Nicht-Dänen erlangt, denn bei Hygge handelt es sich um ein Konzept, welches sich in die verschiedensten Kontexte des Lebens integrieren lässt. Hygge ist also nicht nur ein Design-Konzept, sondern ein wahrer Allrounder, der Ihr Leben zuhause, im Privaten und sogar auf der Arbeit einfach *hyggelig* machen kann! Die Aussprache dieses Worts ist übrigens gar nicht so schwer, wie die Schreibweise vermuten lässt. Das *Y* in *Hygge* wird nämlich einfach ausgesprochen, wie ein *Ü:* „Hügge“. So müssen Sie sich im Verlaufe des Ratgebers keine Gedanken um den richtigen Klang dieses Wortes machen.

Das Konzept von Hygge beschreibt grundlegend eher die Atmosphäre und die Erfahrungen, anstatt sich auf Objekte oder Dinge zu beziehen. Die ideale Hygge-Atmosphäre hilft uns dabei, uns wohl und sicher zu fühlen und unseren Schutzschild getrost unten zu lassen. Genau wegen des Aspekts der hyggeligen Atmosphäre verbinden wir das Wort *Hygge* auch schnell mit Design und sehen es immer wieder auf Postern oder Tassen. Dieser kleine Design-Aspekt schafft es jedoch bei weitem nicht, das gesamte Konzept von Hygge abzudecken. Es genügt also nicht sich einfach ein Hygge-Poster aufzuhängen, denn das Wort allein hat natürlich keine Macht über Ihren Gemütszustand. Hygge lässt sich durch eine Vielzahl an kleinen Dingen in Ihrem Leben installieren. Nicht nur im Wohnzimmer kann es hyggelig werden, Ihr gesamter Wohnbereich, Ihr Arbeitsplatz sowie Ihre Freizeit lässt sich mit einem Hauch Hygge gestalten und bringt Ihnen so Gelassenheit und Gemütlichkeit ins Leben.

Für wen eignet sich Hygge?

Angenommen, Sie starten eine Umfrage in Ihrer Nachbarschaft mit dem Thema „Was ist der Sinn Deines Lebens“, so werden sie bestimmt das eine oder andere Mal den Satz hören: „Ich möchte glücklich sein/werden.“. Wir alle streben dem Glück hinterher und dabei hat das Glück für jeden eine etwas andere Bedeutung. In der Psychologie wird das Konzept vom Glück als die Erfüllung der eigenen Träume definiert, der Duden hingegen erklärt Glück als den Zustand der inneren Befriedigung. Schlussendlich ist das Wort *Glück* abgeleitet von dem mittelhochdeutschen Wort *Gelücke* welches so viel bedeutet, wie „Macht des Schicksals“.

Glück hat also viele verschiedene Bedeutungen, die, je nachdem wen Sie fragen, unterschiedlicher nicht sein könnten. Was jedoch bei jeder Definition mitklingt ist die positive Botschaft von Glück. Wer glücklich ist, dem geht es gut. Wer sich in einer glücklichen Situation befindet, der hat keinen starken Drang, eben diese Situation zu ändern. Für uns alle bedeutet Glück etwas Unterschiedliches, jedoch streben wir alle danach glücklich zu sein. Darüber hinaus verändert uns das Glück nachhaltig. Wer glücklich ist, der hat eine ganz andere Ausstrahlung als jemand, der unglücklich ist. Das Glücklich-Sein macht sich somit sogar in unserem Alltag bemerkbar, denn ein glücklicher Mensch kann seine Mitmenschen positiv beeinflussen und eine positive und glückliche Grundstimmung generieren. Das Glücklich-Sein steckt also sogar an. Menschen hingegen, die unglücklich sind, strahlen dies auch nach außen aus und stoßen somit in nicht wenig Fällen Ihre Mitmenschen von sich weg. Unglückliche Menschen ziehen sich zurück und schotten sich ab. Dies ist quasi genau das Gegenteil von einer hyggeligen Lebensweise.

Insbesondere die Menschen, die sich seit längerer Zeit mit Ihrem Unglück beschäftigen, stellen sich nun vielleicht die Frage, ob der Mensch überhaupt erlernen kann, glücklich zu sein. Wenn doch alle Umstände nicht stimmen und einfach nie irgendetwas funktioniert, wie sollen wir dann nur glücklich werden? Tatsächlich haben Forscher eine Art Formel für das Glück festgelegt. Diese besagt, dass Glück von drei Komponenten ausgemacht wird: Zehn Prozent bestimmen unsere Lebensumstände, vierzig Prozent bestimmen unser alltägliches Verhalten und fünfzig Prozent unseres Glücks werden von unserer tiefliegenden Persönlichkeit bestimmt. Während unsere Gene fest in uns verankert sind und unsere Persönlichkeit sich im Verlaufe unseres Lebens manifestiert hat und beides sich dementsprechend nicht einmal eben ändern lässt, können wir die restlichen fünfzig Prozent tatsächlich beeinflussen. Wie Sie zu Beginn des Ratgebers gelesen haben, ist es selbstverständlich nicht immer möglich, seine äußeren Lebensumstände von heute auf morgen zu ändern, jedoch kann auch das nach und nach möglich sein. Was wir jedoch immer bestimmen und kontrollieren können ist unser alltägliches Verhalten. Verschätzen Sie sich dabei nicht, vierzig Prozent klingen in erster Instanz recht wenig, jedoch können genau diese vierzig Prozent Ihnen dabei helfen, so richtig glücklich zu werden und auch die restlichen sechzig Prozent positiv zu beeinflussen.

Für wen eignet sich das Konzept *Hygge* nun genau? Die Antwort ist ganz einfach, denn Hygge lässt sich in jedem Leben, egal wie glücklich oder unglücklich dieses momentan ist, einbinden und kann jedem Menschen dabei helfen, sein Leben ein bisschen gemütlicher und somit auch glücklicher zu gestalten. Wie genau dies geht, wird Ihnen in den nachfolgenden Kapiteln genauer erklärt.

Geschichtlicher Hintergrund – woher stammt Hygge?

Bei Hygge handelt es sich um eine sehr gesellschaftliche Lebensweise. Der Grund liegt in der Entstehung dieses Konzepts. Während der Begriff zwar aus der norwegischen Sprache stammt, haben die Dänen noch vor Beginn des 18. Jahrhunderts die Definition festgelegt. Damals galt die Feldarbeit in Dänemark als der größte Industriezweig des Landes und die Menschen arbeiteten überwiegend draußen im Freien. Damals gab es natürlich auch noch keine Elektrizität, weswegen Kerzen – und davon viele – eine große Bedeutung im Alltag der Dänen hatten. Insbesondere in den kalten und dunklen Wintermonaten rückten die Menschen also enger zusammen und genossen die Wärme und den Schein von Kerzen. Vor allem die Wärme und Nähe zu anderen Menschen macht dieses Konzept also aus.
Seitdem hat sich Hygge natürlich weiterentwickelt. Aber auch mit Einzug der Elektrizität im Alltag und der Glühbirnen im Wohnzimmer und in der Küche haben sich die Grundpfeiler dieses Konzepts nicht verändert. Dennoch ist diese Lebensphilosophie, insbesondere in den letzten Jahren, immer moderner geworden und beinhält inzwischen auch Trends anderer Länder, die die Dänen im Konzept *Hygge* integriert haben.

Hygge und Vertrauen

Hygge kann zwar jeder erlernen und in sein Leben integrieren, jedoch müssen dafür einige Dinge beachtet werden. Es gibt sozusagen die Hygge-Basics, die ausmachen, wie genau diese Lebensphilosophie funktioniert und angewandt wird und worauf sie basiert. Insbesondere ein Punkt stellt die Grundlage für ein funktionierendes Hygge dar: Das Vertrauen. Ohne das richtige und tiefgehende Vertrauen ist Hygge nicht möglich. Dabei vertrauen wir unseren Freunden, unserer Familie oder unserem Lebenspartner oder der Lebenspartnerin. Nur so können tiefgehende und innige Gespräche entstehen und nur so können wir uns anderen Menschen gegenüber öffnen. Wer anderen Menschen – und sich selbst – vertraut, der erlebt eine Veränderung im Fühlen und Erleben seiner Mit- und Umwelt. Menschen, die vertrauen können, leben positiver und entspannter.

Wieso ist es nun so wichtig, Vertrauen zu haben? In erster Instanz wird schnell gedacht, dass Ver- und Misstrauen überhaupt nicht wichtig sind für ein positives Leben. Schließlich handelt es sich beim Misstrauen auch um eine Art Selbstschutz. Wir öffnen uns nicht gerne fremden Menschen gegenüber und verschließen uns in einigen Fällen auch vor unseren engsten Freunden. So minimiert sich die Chance, dass Probleme angesprochen werden, unangenehme Gespräche über Schwächen und Stärken können nicht entstehen und grundlegend genügt es doch eigentlich, wenn der Mensch sich selbst vertraut, oder etwa nicht? Tatsächlich ist das Vertrauen überaus wichtig für Hygge. Der Grund lässt sich in unserer evolutionären Entwicklung wiederfinden. Wer beispielsweise in der Steinzeit seinen Mitmenschen vertraute hat, der konnte sich ausruhen und entspannen. Wer jedoch niemanden vertraute, der war auch ständig auf der Hut. Niemand bietet in solch einem Fall ausreichende Rückendeckung und der Mensch ist fast durchgehend im Kampf-oder-Flucht-Modus. Zwar sind die Auswirkungen von fehlendem Vertrauen im heutigen Zeitalter bei weitem nicht mehr so drastisch, wie zu Beginn der Menschheitsgeschichte, jedoch benötigen wir eine ausreichende Vertrauensbasis, um Hygge wirklich erleben zu können.

Dabei ist es gar nicht so schwer, Vertrauen zu einem anderen Menschen aufzubauen und auch Vertrauen entgegengebracht zu bekommen. Genau genommen haben Wissenschaftler hierfür sogar eine Art Formel entwickelt. Die folgenden sechs Punkte sind nämlich laut der Forschung maßgeblich wichtig für die Bildung von Vertrauen:

1. **Die Zuverlässigkeit**: Ein Mensch, der seine Pflichten erfüllt und zu seinem Wort steht, gilt als zuverlässig. Im Kontext von Hygge bedeutet die Zuverlässigkeit unter anderem, dass sichergegangen werden kann, dass der Gast pünktlich zum ausgemachten Dinner-Treffen erscheint. Eine Verspätung, insbesondere eine fehlende Kommunikation über eben jene Verspätung, ist gar nicht Hygge.
2. **Die Transparenz**: Wer transparent ist, kann frei sagen, was er denkt und angstfrei über seine Gefühle sprechen. Eine fehlende Transparenz und verschlossene Menschen sorgen stattdessen dafür, dass wir das Schlimmste befürchten und uns nicht sicher fühlen.
3. **Die Kompetenz**: Wer kompetent in einer Sache ist, der weiß, was er tut. Das bedeutet auch, dass Person A vertrauen kann, dass Person B die Aufgabe erfüllt, die ihr aufgetragen wurde, solange die notwendige Kompetenz gegeben ist. Wenn Sie jemandem eine Aufgabe geben und sich gleichzeitig nicht sicher sind, dass diese Person die Aufgabe überhaupt bewältigen kann, kann kein Vertrauen entstehen. Für das Konzept von Hygge ist die Kompetenz kein ausschlaggebendes Kriterium, jedoch ist sie essenziell im Zusammenspiel mit anderen Faktoren.
4. **Die Ehrlichkeit**: Die Ehrlichkeit ist ein maßgebliches Kriterium für Vertrauen. Wer lügt und unehrlich ist, wird in der Regel kein Vertrauen entgegengebracht bekommen. Bei Hygge hat die Ehrlichkeit einen zweiten Aspekt, nämlich werden schwierige Themen, wie Krankheit, finanzielle Probleme oder die Steuererklärung in einer hyggeligen Situation ausgeblendet. Das bedeutet nicht, dass solche Themen niemals bedacht werden, jedoch bedeutet es, dass die

jeweilige hyggelige Situation Vorrang hat. Dementsprechend muss der Hygge-Praktizierende so ehrlich sein und sich eingestehen, welche Themen in eine hyggelige Situation passen und welche Themen zu einem späteren Zeitpunkt besprochen werden.

5. **Die Fairness**: Die Fairness ist, insbesondere im Hygge-Kontext, gleichbedeutend mit der Gleichberechtigung. In einer zwischenmenschlichen Beziehung sind selbstverständlich beide Seiten wichtig. Ein Mensch, der das versteht und die Bedürfnisse seiner Mitmenschen nicht außer Acht lässt, strahlt Fairness aus. Hygge kann nur dann entstehen, wenn alle Beteiligten zufrieden sind und sich wohlfühlen.
6. **Die Offenheit**: Offenheit und Vertrauen gehen Hand in Hand, denn wer vertraut, der kann auch offen sein. Gleichermaßen schafft eine gewisse Offenheit auch Vertrauen. Insbesondere im Kontext von Hygge bedeutet die Offenheit, dass der Mensch seine Persönlichkeit frei entfalten und sich keine Gedanken über das sprichwörtliche Blatt vor dem Mund machen muss.

Die Hygge-Basics

Die Basics von Hygge zu erlernen und zu verinnerlichen, ist bei weitem nicht schwer. Sie fordern uns jedoch auch heraus, denn nicht immer fällt es uns leicht, unser Handy in der Tasche zu lassen oder sich bewusst eine Hygge-Zeit zu nehmen. Die folgenden Punkte gelten als die absoluten Hygge-Basics, die beachtet werden sollten, um einen wahren hyggeligen Moment zu kreieren:

- **Die Atmosphäre**: Bei Hygge dreht sich alles, wirklich alles, um die richtige Atmosphäre und diese lässt sich verhältnismäßig einfach herstellen. Decken, Kissen, Kerzen, ruhige Musik – all dies schafft eine ruhige und angenehme Atmosphäre. Mehr zum Thema „Hygge in Ihrem Zuhause“ finden Sie auf den folgenden Seiten in diesem Ratgeber.

- **Die (fehlende) Ablenkung**: Das Smartphone, der Laptop und auch der Fernseher bleiben in hyggeligen Momenten abgeschaltet und nach Möglichkeit außer Reichweite. Der Mensch soll sich auf das konzentrieren, was direkt vor seiner Nase ist und diese nicht immer wieder in Nachrichten und Infos aus dem Internet stecken.
- **Die Harmonie**: Hygge ist bei weitem kein Wettstreit. Es geht um die Menschen, mit denen Sie Ihre Zeit verbringen. Alle Maßnahmen, die für ein hyggeliges Gefühl aufgegriffen werden, sollen für eine möglichst harmonische Atmosphäre sorgen.
- **Der Komfort**: Das schicke Kleid und die unbequeme Hose haben bei Hygge nichts zu suchen. Machen Sie es sich bequem und entspannen Sie in gemütlicher und lockerer Kleidung. Ideal für den perfekten Hygge-Moment eignen sich natürlich Strickpullover und dicke Woll-Socken.
- **Die Wahrhaftigkeit**: Bei Hygge haben Drama, Tratsch oder schlechte Rede keinen Platz. Sprechen Sie stattdessen über positive Dinge, anstatt sich über andere Menschen aufzuregen oder schlecht über diese zu reden.
- **Das Zusammensein**: Hygge kann zwar alleine praktiziert werden, so richtig hyggelig wird es aber, wenn Sie Zeit mit Ihren Liebsten verbringen. Bei Hygge geht es darum, Beziehungen aufzubauen und aufrecht zu erhalten.
- **Die Sicherheit**: Vielleicht handelt es sich bei diesem Punkt um das wichtigste Element für Hygge. Fühlen Sie sich sicher! Sicher, das zu sagen, was Sie sagen müssen und sicher, genau die Person zu sein, die Sie tief im Inneren sind, ohne Erwartungen oder Urteile der anderen Anwesenden.

Vielleicht ist Ihnen eine große Verwandtschaft der Hygge-Basics mit den Punkten für die Bildung von Vertrauen aufgefallen. Dies zeigt erneut, wie wichtig das Vertrauen für eine hyggelige Atmosphäre ist. Ohne das nötige Vertrauen und alle Komponenten, die für das Vertrauen notwendig sind, wird es schwerfallen, eine wahrhaft hyggelige Atmosphäre zu schaffen.

Hygge und die Liebe

Die einfachsten Gesten, wie eine Umarmung, die Hand auf der Schulter oder auch ein Kuss auf die Wange, schaffen es, uns ein Gefühl von Wärme und Geborgenheit zu geben. So arbeitet einfach der menschliche Körper: Liebevolle Berührungen sorgen dafür, dass das Neurohormon Oxytocin ausgeschüttet wird, welches uns glücklicher macht und Stress, Angst und Schmerzen reduziert. Das sogenannte Liebes-Hormon, welches auch Kuschel-Hormon genannt wird, wird in intimen Situationen ausgeschüttet und hilft uns, uns mit anderen Menschen zu verbinden. So gesehen machen Umarmungen also tatsächlich glücklicher. Bei Hygge herrscht eine relativ intime Atmosphäre vor, welche im Idealfall mit weiteren Menschen geteilt wird. Das bedeutet automatisch, dass auch in hyggeligen Zusammentreffen mit Freunden, dem Partner oder der Partnerin und der Familie Oxytocin ausgeschüttet wird, was für eine warme, sichere und liebevolle Atmosphäre sorgt. Alle drei Begriffe – Wärme, Sicherheit und Liebe – sind dabei Schlüsselelemente für Hygge. Das Kuschel-Hormon wird übrigens sogar dann ausgeschüttet, wenn wir unsere Haustiere streicheln und mit ihnen kuscheln, eine hyggelige Zeit mit dem Hund oder der Katze ist somit überhaupt nicht abwegig.

Das Hormon Oxytocin wird also immer dann ausgeschüttet, wenn wir anderen Menschen physisch näherkommen, es kann dementsprechend auch als eine Art „sozialer Kleber“ beschrieben werden. Insbesondere die Dänen zeigen ein hohes Level an Vertrauen, selbst fremden Menschen gegenüber, was in vielen Fällen auf Hygge zurückzuführen ist. Hyggelige Aktivitäten sorgen dafür, dass der Körper Oxytocin freigibt, welches wiederum dafür sorgt, dass wir bereiter für soziale Interaktionen sind und dass unsere Feindseligkeit anderen Menschen gegenüber gesenkt wird. Das Liebes-Hormon wird übrigens auch durch Wärme und das Gefühl der Sicherheit hervorgerufen. Schlussendlich geht es bei Hygge also um nichts anderes als Oxytocin.

Je mehr Hygge wir erleben, desto mehr dieses Hormons wird von unserem Körper ausgeschüttet, was wiederum dafür sorgt, dass wir noch offener für andere und sogar fremde Menschen werden.

Hygge und Zusammensein

Das Zusammensein mit anderen Menschen ist ebenfalls ein Schlüsselelement für unser Wohlbefinden. Der Mensch ist kein Einzelgänger, wir fühlen uns in der Regel in einer Gruppe am wohlsten. Denken wir noch einmal an den *World Happiness Report* von Beginn dieses Ratgebers zurück: Hier wurde in jahrelanger Forschung herausgefunden, was den Menschen glücklich macht. Selbstverständlich sind wir alle Individuen, auch was unser Glück angeht, jedoch gibt es bestimmte Grundkriterien, die erfüllt werden müssen damit der Mensch glücklich ist. Das erste und wichtigste Kriterium ist dabei der Lebensumstand einer Person. Sind die grundlegend notwendigen Lebensumstände nicht gegeben, wird es einem Menschen schwerfallen, Glück zu empfinden. Da die Lebensumstände bei dem Großteil unserer Gesellschaft gegeben sind, wird unser Wohlbefinden und unser Glücklich-Sein maßgeblich durch unsere sozialen Kontakte, oder eher das Wegfallen dieser, beeinflusst. Unsere Freunde sind im Vergleich übrigens sogar bares Geld wert. Eine Studie in Großbritannien fand nämlich heraus, dass Menschen, die sozial eingebunden sind und von Familie und Freunden profitieren können, genauso glücklich sind, wie wenn sie jährlich einen zusätzlichen Gehaltsbonus von 85.000 Pounds (umgerechnet gut 94.000 Euro) bekämen.
Schlussendlich sind wir Menschen in der Regel einfach glücklicher, wenn wir hochwertige soziale Kontakte pflegen und von tiefgehenden Freundschaften und einer liebevollen Familie berichten können. Genau diese sozialen Kontakte sind so wichtig für das richtige Hygge-Gefühl. Hygge geht zwar auch alleine, das Hauptanliegen dieser Lebensphilosophie ist aber, sich mit seinen

liebsten Menschen zu umgeben und eine offene und entspannte Atmosphäre gemeinsam zu genießen.

Wir Menschen, als soziale Wesen, fühlen uns wohl, wenn wir immer wieder soziale Kontakte wahrnehmen können. Dabei sind die wichtigsten Beziehungen jene, in denen wir uns frei entfalten können und in denen wir Gemeinsames mit anderen Menschen erleben. Die engen Freundschaften und Beziehungen zu Menschen sowie das Gefühl, verstanden zu werden, machen uns einfach glücklich. Das Geben und Nehmen ist auch bei Hygge ein wichtiges Thema. Genau deswegen scheinen die Dänen übrigens auch eher kleinere Gruppen an Menschen zu präferieren, wenn es hyggelig werden soll. Selbstverständlich ist eine Hygge-Zeit auch mit einer größeren Gruppe von Menschen möglich, jedoch sagt ein Großteil der Dänen, dass die beste Gruppengröße für Hygge eine Größe von drei bis vier Personen ist. Hierbei handelt es sich um ein absolut normales Phänomen, denn je größer eine Gruppe von Menschen wird, desto lauter und anstrengender kann ein solches Treffen auch werden. Insbesondere, wenn das Level der Beziehung zwischen allen Beteiligten nicht auf dem gleichen Stand ist, die eine Freundschaft also etwas seichter ist, während die andere Freundschaft eine tiefe Verbundenheit widerspiegelt, kann es für einige Beteiligte schwierig sein, sich vollkommen zu öffnen und allen Anwesenden zu vertrauen.

Die Gefahr von Hygge

Kennen Sie die diese eine Gruppe von Freunden oder Freundinnen aus der Schulzeit, die ausschließlich miteinander Zeit verbracht haben und sich schwierig tat, neue Menschen in Ihre Freundesgruppe aufzunehmen oder generell neue Freundschaften zu schließen? Genau diese Problematik lässt sich auch schnell bei Hygge wiederfinden. Natürlich möchten wir uns lieber nur mit den Freunden treffen, bei denen wir uns absolut wohl fühlen und auch keine Angst haben müssen, offen über bestimmte Themen zu sprechen oder ähnliches. Dadurch kann es jedoch auch schnell passieren, dass andere Menschen ausgegrenzt werden

und der eigene Horizont sich beschränkt. Tatsächlich fällt es auch den Dänen nicht immer leicht, neue Menschen in ihren Kreis einzuladen, denn zu viele Menschen passen einfach nicht in das Konzept von Hygge. Das bedeutet wiederum, dass, insbesondere in Dänemark, eine Menge Arbeit erforderlich ist, um neue und tiefgehende Freundschaften zu schließen. Sind diese Freundschaften jedoch einmal geschlossen, kann der Däne eine lebenslange und tiefgründige Freundschaft erwarten, in welcher er sich vollkommen öffnen und ganz er selbst sein kann.
Dieses Kapitel soll überhaupt nicht gegen Hygge sprechen. Vielmehr geht es darum, Sie für die Gefahr zu sensibilisieren, dass Hygge-Momente andere Menschen auch ausgrenzen können, insbesondere dann, wenn Sie bereits Ihre Lieblings-Menschen gefunden haben. Achten Sie also darauf, ob Sie fremde Menschen bewusst oder auch unbewusst aus Ihrem engen Freundeskreis ausgrenzen und geben Sie neuen Freundschaften die Chance, Teil Ihres Hygge-Moments zu werden.

Hygge ist für Introvertierte

Ob Sie es glauben oder nicht, Hygge eignet sich perfekt für Menschen, die sich selbst als introvertiert bezeichnen. Vielleicht sind Ihnen die Worte *Introversion* und *Extraversion* ein Begriff. Hierbei handelt es sich um die entgegengesetzten Pole einer Persönlichkeitseigenschaft, welche sich durch die unterschiedliche Interaktion mit der Umwelt, insbesondere der sozialen Umwelt, zeigt. Eine introvertierte Person zum Beispiel verbringt bevorzugt Zeit mit sich selbst oder mit kleinen Gruppen von Personen, während eine extrovertierte Person regelrecht aufblüht, wenn sie in großen Personengruppen unterwegs ist und viele Gespräche und Reize aus diesem Treffen mitnehmen kann. Selbstverständlich handelt es sich bei der Introversion und Extraversion um eine Skala, das bedeutet, dass ein Mensch sich auch in der Mitte befinden oder sich eher zu einem der beiden Pole hingezogen fühlen kann. Hygge ist dabei ein Konzept, welches von extrovertierten Menschen genossen werden kann, aber besonders den introvertierten Menschen helfen kann, ihre sozialen Kontakte zu pflegen. Während heutzutage viele Treffen, Partys und Unternehmungen von vielen Menschen besucht werden und Konversationen in solch einem Rahmen meistens eher oberflächlich und schnell vonstatten gehen, bietet Hygge genau den richtigen Rahmen, um herunterzukommen, abzuschalten und über die wichtigen und tiefgehenden Dinge des Lebens zu reden. Über introvertierte und extrovertierte Menschen ist außerdem bekannt, dass Introvertierte ihre Energie aus ihrem Inneren beziehen, während Extrovertierte ihre Energie von ihren Mitmenschen und den gemeinsamen Aktivitäten absorbieren. Somit werden introvertierte Menschen schnell mit Einsamkeit oder Schüchternheit in Verbindung gebracht, dies ist in vielen Fällen aber eine Fehleinschätzung. Tatsächlich verbringen introvertierte Menschen Ihre Zeit aber am liebsten mit den Menschen, zu denen bereits eine hochwertige Beziehung besteht oder mit einem guten Buch auf dem Schoß. Allein das klingt bereits stark nach Hygge, oder nicht? Bei Hygge handelt es sich um ein Konzept, das die sozialen Kontakte mit einer entspannten und ruhigen Atmosphäre verbindet. Somit fühlen sich insbesondere introvertierte Menschen in diesem Rahmen wohl aber auch introvertierte Personen können von einer Runde Entspannung mit den Liebsten bei Kerzenschein profitieren.

Das kleine Hygge-Lexikon

Hygge, hyggelig, am hyggeligsten – dieses Wort hat eine große Bedeutung für die Dänen und wird in vielen verschiedenen Kontexten genutzt. Damit Sie sich nicht wundern, wenn Sie in Dänemark mit einem „hyg dig!“ verabschiedet werden, finden Sie nachfolgend die gängigsten Hygge-Ausdrücke in der Übersicht.

hyggeln – das Verb wird verwendet, wenn eine Unternehmung im Sinne von Hygge ansteht oder über einen hyggeligen Moment gesprochen wird: „Was macht Ihr nachher?“ – „Wir hyggeln.“ oder auch: „Thomas und Lisa hyggeln heute.“.

Hyggeligere / hyggeligste – hierbei handelt es sich um die Steigerungsformen von hyggelig: „Deine Kerzen sind viel hyggeliger als meine!“ oder auch „Das ist das hyggeligste Plätzchen, was ich je gesehen habe!“.
Hygge om – diese Aussage beschreibt das Schaffen von Hygge für andere Personen. Dies kann zum Beispiel geschehen, indem eine Person einer anderen Person eine kuschelige Decke reicht oder Knabbereien und Tee serviert.

Hygge sig – dieser Begriff beschreibt das Erleben eines hyggeligen Augenblicks.

Hygge sig med – eine Person hyggelt sich mit einer bestimmten Aktivität. Das Hyggeln wird gerne mit Hobbys in Verbindung gebracht: „Er hyggelt sich beim Musikmachen.“ Oder „Wir hyggeln mit diesem DIY-Projekt.“.

Kan du hygge dig / hyg dig – hierbei handelt es sich um einen saloppen Gruß, beziehungsweise um einen Abschiedsgruß, der von den Dänen gerne verwendet wird.

Hjemmehygge – Hygge im eigenen Zuhause.

Hyggebukser – die eine Hose, die Sie niemals in der Öffentlichkeit anziehen würden, die für einen hyggeligen Moment jedoch die bequemste Option darstellt und vielleicht sogar Ihre Lieblingshose ist.

Uhyggeligt – Das Gegenteil von Hygge, also Un-Hygge. Dieses Wort beschreibt einen Zustand der Ungemütlichkeit, aber auch der Gruseligkeit oder der Ängstlichkeit. Dies zeigt wieder, wie wichtig die Sicherheit und das Gefühl von Sicherheit für Hygge ist. Übrigens kann das hyggeln sogar durch un-hyggelige Umstände noch hyggeliger werden, zum Beispiel, wenn draußen ein mächtiger Sturm tobt, während im Wohnzimmer gemeinsam gehyggelt wird.

Hygge in Ihrem Zuhause

Haben Sie schon einmal eine dänische TV-Sendung geschaut oder durch dänische TV-Dramas gezappt? Vielleicht ist Ihnen aufgefallen, wie wunderschön die Häuser und Wohnungen der Protagonisten eingerichtet sind. Hier stimmt alles und nichts stört das Bild. Tatsächlich lieben die Dänen, beziehungsweise die Skandinavier, ihre Innenarchitektur und das Design für die Wohnräume. Dieser Fakt ist den meisten Menschen bereits bewusst, denken Sie doch nur einmal an das bekannte schwedische Möbelhaus. Der Grund, wieso die Dänen so viel Wert auf die Einrichtung des Wohnzimmers, des Schlafzimmers und sogar der Küche oder des Bads legen, liegt tatsächlich wieder bei Hygge. Für die Dänen ist das eigene Zuhause quasi das Headquarter für Hygge, hier fühlt der Däne sich am wohlsten. Während das Sozialleben der Menschen anderer Länder bevorzugt in Bars, Restaurants oder Cafés von Statten geht, präferieren die Dänen das *Hjemmehygge* (das Hygge im eigenen Zuhause), was unter anderem damit zu tun hat, dass so bares Geld gespart wird, denn dieses wird nicht für überteuerte Getränke oder Kuchen ausgegeben, sondern lieber in eine hyggelige Kerze oder einen Tee investiert. Tatsächlich sagten sieben von zehn Dänen in einer Befragung aus, dass sie Hygge am liebsten in den eigenen vier Wänden erleben.

Genau das ist der Grund dafür, dass die Innenrichtung der Dänen oftmals auch als „Möbel-Pornographie“ bezeichnet wird - dieser Begriff ist dabei im besten Sinne gemeint, denn viele Wohnungen in Dänemark sehen aus, als wären Sie einem Inneneinrichtungs-Katalog entsprungen. Für die Dänen ist es kein Hindernis, viel Zeit im eigenen Zuhause zu verbringen. Das Dasein als sogenannte „Couch-Potato“ steht einem hyggeligen Leben nämlich bei weitem nicht im Wege, sondern unterstützt es eher. Selbstverständlich kann die hyggelige Zeit alleine im eigenen Zuhause oder mit Freunden und der Familie verbracht werden, das Hjemmehygge schließt die Gesellschaft selbstverständlich nicht aus.

10 Dinge, mit denen Sie Hygge in Ihr Zuhause bringen

Nicht immer haben wir die Möglichkeit oder die Finanzen, um unsere Wohnung oder unser Haus komplett neu zu designen oder ihm von oben bis unten einen Hygge-Anstrich zu verpassen. Das braucht es aber auch überhaupt nicht, damit Sie eine hyggelige Zeit verbringen können. Nachfolgend finden Sie jedoch zehn Dinge, die Sie tun können, um mehr Hygge-Flair in Ihr Zuhause einziehen zu lassen und alleine oder gemeinsam mit Freunden eine hyggelige Zeit verbringen zu können.

1. **A Hyggekrog**: Das Wichtigste für eine Hygge-Zeit ist der Hyggekrog. Dieser seltsam-klingende Begriff bezeichnet grob übersetzt eine Nische oder ein gemachtes Nest. Schlussendlich handelt es sich bei dem Hyggekrog um einen Ort in Ihrem Zuhause, an dem Sie sich zurückziehen und in Ruhe ein Buch lesen können, während der warme Tee in der Tasse dampft. Dabei benötigt ein Hyggekrog nicht viel Platz, es geht eher um die kuschelige Gemütlichkeit eines Sessels oder einer breiten Fensterbank, auf der Sie es sich gemütlich machen können. Wenn Sie schon einmal durch die Straßen Kopenhagens geschlendert sind, sind Ihnen vielleicht viele Gebäude aufgefallen, welche ein Erkerfenster aufweisen. Wenn Sie genau hingeschaut haben, ist Ihnen vielleicht sogar aufgefallen, dass das Innere der Erker in der Regel mit einer Vielzahl an Kissen und Decken ausgestattet ist, sodass dieser Platz besonders gemütlich, beziehungsweise besonders hyggelig, wird. Ihr Hyggekrog muss selbstverständlich nicht zwingend an einem Fenster liegen, auch, wenn ein solches Fenster den Platz noch hyggeliger gestaltet. Suchen Sie sich stattdessen einen ruhigen Ort in Ihrem Zuhause, an dem Sie sich besonders wohl fühlen und vielleicht bereits ohnehin viel Zeit verbringen. Je kuscheliger und enger dieser Ort ist, desto wohler und sicherer fühlen sich die Dänen und vielleicht auch Sie. Tatsächlich werden in Dänemark teilweise Häuser

aufgrund von vorhandenen Hyggekrogs gekauft und damit beworben, denn dieses Merkmal ist für eine Vielzahl der Dänen ausschlaggebender als ein großer Garten oder eine Bushaltestelle auf der Straße. Machen Sie es sich also so richtig hyggelig und schaffen Sie sich Ihren eigenen Hyggekrog.

2. **Der Kamin**: Dem dänischen Umweltministerium zufolge gibt es in Dänemark rund 750.000 Kamine und Holzöfen in den Haushalten. Die Dänen mögen ihr Feuer und die Wärme, die es bringt. Auch das Vorbereiten des Feuers, also das Hacken des Holzes und das Anfeuern des Ofens, werden als Teil einer hyggeligen Aktivität verstanden. Schlussendlich bringt ein Kamin mit sichtbarer Flamme oder ein Holzofen, auf dem das Teewasser erhitzt werden kann, den besonderen Hygge-Kick. Wer bereits einen Kamin besitzt, kann sich also freuen – so besitzt er eines der ausdrucksstärksten Hygge-Merkmale. Sollte dies bei Ihnen vielleicht nicht der Fall sein, kann dem auch Abhilfe geschaffen werden. Zum Beispiel mit einem Kaminprogramm auf dem Fernseher oder einer extra Portion Kerzen.
3. **Die Kerzen**: Hygge funktioniert nicht ohne Kerzen. Wussten Sie, dass das Wort für *Spielverderber* im dänischen *lyseslukker* heißt, was direkt übersetzt so viel bedeutet, wie Lichtschalter, oder auch: Der, der die Kerzen ausmacht. Die Kerzen, beziehungsweise der weiche Schein des Kerzenlichts, ist für die Dänen also besonders wichtig und das mit gutem Grund. Der einfachste und schnellste Weg, ein hyggeliges Gefühl zu kreieren, sind Kerzen. Machen Sie es sich gemütlich und zünden Sie so viele Teelichter, Stumpenkerzen oder Stabkerzen an und genießen Sie das leicht-flackernde, warme Licht der kleinen Flammen.
4. **Dinge aus Holz**: Nachdem jahrelang die Plastik-Spielzeuge für Kinder den Markt dominiert haben, sind Holz-Spielzeuge auf einmal wieder richtig im Trend. Bei den Dänen war das Holz aber nie aus der Mode, denn Holz spiegelt die Verbundenheit zur Natur wider und fühlt sich warm und weich an. Der Fußboden aus Holz, ein Holztisch oder der Schaukelstuhl aus Holz – all diese Dinge tragen zu einem

hyggeligen Gefühl bei. Insbesondere die einfachen und natürlichen Eigenschaften von Holz gelten als hyggelig.

5. **Die Natur**: Ein bisschen Holz in der Wohnung reicht den Dänen bei weitem nicht. Am liebsten würden Sie den gesamten Wald in ihrem Wohnzimmer einziehen lassen. Selbstverständlich handelt es sich hierbei um eine Übertreibung, jedoch verhelfen natürliche Elemente dem Raum zu einem besonderen Hygge-Feeling. Blätter, Nüsse, Äste, Felle – all dies können natürliche Dekorations-Elemente sein, die dem Raum eine gewisse Gemütlichkeit und das notwendige Hygge verpassen. Achten Sie jedoch dringend darauf, dass die Kerzen nicht zu nah an brennbaren Materialien stehen, beziehungsweise, dass Sie die notwendigen Vorkehrungen treffen, um Brände in Ihrem Zuhause zu vermeiden.
6. **Die Bücher**: Ob ein Liebesroman, historische Erzählungen, der spannende Thriller oder auch das Fantasy-Buch – bei Hygge sind alle Bücher willkommen und gerne gesehen. Bücher gelten nämlich als besonders hyggelig. Allein das Bücherregal voll mit Literatur löst ein hyggeliges und wohliges Gefühl aus. Für die Dänen gelten die Klassiker unter den Büchern, wie Jane Austen, Charles Dickens oder auch Bram Stoker übrigens als besonders hyggelig.
7. **Die Keramik**: Eine schön anzusehende Teetasse, die Keramik-Schale in der Obst liegt oder die handgemachte Vase – alles, was aus Keramik hergestellt wird, gilt in der Regel als hyggelig. Auch hier wird wieder die Verbundenheit zu der Natur und zum Handwerk geschätzt und als besonders wohlig empfunden. Vielleicht besitzen Sie ja schon die eine oder andere Lieblingstasse, aus der Sie bevorzugt Ihren Tee oder Kaffee trinken. Hiermit hätten Sie schon das erste Keramik-Hygge-Element in Ihren Händen.
8. **Die Textur**: Bei Hygge geht es nicht nur darum, dass Ihre Umgebung eine besondere Optik aufweist und extra hyggelig aussieht, auch die Texturen und das Gefühl müssen stimmen. Lassen Sie Ihre Finger über ein weiches Schaffell gleiten, spüren Sie die Textur einer gestrickten Tagesdecke oder fühlen Sie die Rillen einer selbstgemachten Keramik-

Tasse. Insbesondere Objekte aus Plastik, Glas oder Stahl haben in diesem Szenario keinen Platz und werden für das Hygge nicht benötigt.

9. **Alte Dinge**: Alte und gebrauchte Dinge oder Vintage-Objekte sind in Dänemark sehr gefragt. Das kann zum Beispiel ein Retro-Lampenschirm oder auch ein alter und abgenutzter Hocker aus Holz sein. Möbel, Dekoration und andere Objekte, die eine Geschichte aufweisen können, gelten nämlich als besonders interessant und dementsprechend auch als hyggelig.
10. **Die Emotionen**: Beim Hygge geht es zwar auf den ersten Blick mehr oder weniger nur darum das Zuhause mit schönen Dingen zu füllen, die eine entspannte und wohlige Atmosphäre schaffen. Auf den zweiten Blick jedoch lässt sich erkennen, dass dies nicht das Hauptanliegen von Hygge ist. Vielmehr geht es um den emotionalen Wert von Dingen, beziehungsweise um eine gewisse Nostalgie, die beim Anblick dieser empfunden wird. Wenn Ihre liebste Teetasse zum Beispiel nicht aus Keramik, sondern aus Glas gefertigt ist und Sie (dennoch) eine starke Verbundenheit zu diesem Objekt fühlen, dann erfüllt auch diese Tasse alle Kriterien von Hygge. Es geht um Ihre Gefühlswelt, die Sie beim Betrachten der jeweiligen Dinge entwickeln. Zwar können die vorigen Punkte alle als grobe Richtlinien verstanden werden, jedoch entsteht Hygge schlussendlich bei Ihnen im Kopf und ist nicht abhängig von festgelegten Kriterien.

Essen und Trinken bei Hygge

Wussten Sie, dass Dänemark auf Platz 14 (von 155 beurteilten Ländern) landet, wenn es um den jährlichen Konsum von Süßigkeiten geht?[iv] Diese Tatsache lässt sich selbstverständlich wieder auf Hygge zurückführen, denn wer sich wohlfühlen will, der sagt auch zu den sogenannten Comfort-Foods (zu Deutsch: Wohlfühl-Speisen) nicht nein. Auch was herzhafte Mahlzeiten mit Kartoffeln und einer Menge Fleisch angeht, sagen die Dänen in der Regel nicht „Nein“. Insbesondere was die Ernährung angeht ist Hygge nicht unbedingt das gesündeste Konzept auf der Welt. Das liegt daran, dass das Hygge für die Dänen eine Art Auszeit vom Stress des Alltags ist. Sich gesund ernähren kann der Däne schließlich immer noch, wenn der hyggelige Moment wieder vorbei ist. Bis dahin aber dürfen leckere (und meistens eher ungesunde) Gerichte, Süßspeisen und auch die Extra-Tasse Kaffee den Tisch des Hyggekrogs zieren und mit Gusto genossen werden. Dabei geht es bei Hygge bei weitem nicht um drei- bis fünf-Gänge-Menüs. Vielmehr werden die Speisen bevorzugt, die einfach in der Zubereitung (oder im Kauf) sind und den Magen mit einem wohligen Gefühl füllen. Ein herzhafter Eintopf, eine Suppe, der Teller Nudeln mit Hackfleisch-Sauce aber auch ein Stück Kuchen oder Kekse gelten somit als besonders hyggelige Speisen. Vegetarier oder Veganer müssen sich jedoch keine Sorgen machen, auch für Sie ist das hyggeln mithilfe von Speisen möglich. Es geht nämlich nicht darum, sich auf bestimmte Speisen zu beschränken, sondern einfach das zu genießen, worauf man gerade Lust hat, ohne Rücksicht auf Verluste und ohne dass das schlechte Gewissen einen plagt.

Hyggeliger Kaffee und Kuchen

Wer eine dänische Bäckerei betritt, der wird diese in der Regel nicht ohne das eine oder andere Stück süßes Gebäck verlassen. Die Dänen lieben ihren Kuchen, so sehr sogar, dass dieser eine Art Superheld geworden ist. Während es in Amerika Superman oder Batman als Superhelden gibt, haben die Dänen den Kagemand – den Kuchenmann. Hierbei handelt es sich um einen Kuchen in der groben Form eines Menschen, welcher vor allem für Kindergeburtstage gebacken wird. Wir Deutschen haben übrigens etwas Vergleichbares in unseren Bäckereien liegen, zumindest zu bestimmten Jahreszeiten: Den Weckmann oder Stutenkerl (je nachdem von welcher Region gesprochen wird). Der Kagemand jedoch wird mit allerlei Zuckerguss, Süßigkeiten und der dänischen Flagge dekoriert. Traditionell wird vom dänischen Kuchenmann als erstes der Kopf vom Körper geschnitten und dem Geburtstagskind serviert. Dieser Brauch mag vielleicht etwas makaber wirken, schlussendlich zeigt er aber wieder nur, wie sehr die Dänen ihre Süßspeisen und ihren Kuchen lieben.

Auch die kleinen Teilchen sind in Dänemark überaus beliebt und haben es schon weit in die Welt geschafft. Genau genommen gibt es ein Gebäck, welches in der englischen Sprache nach Dänemark benannt ist: Der Danish. Dieses buttrige Gebäck mit einer süßen Creme ist uns in der Regel als Plundergebäck bekannt. Dänische Teilchen eignen sich besonders gut für Hygge, denn sie schmecken einfach himmlisch und lassen sich, dank der kleineren Portionen, einfach essen und genauso einfach mit anderen Personen teilen. Für Hygge ist es übrigens vollkommen egal, ob der Kuchen oder die Teilchen selbst gebacken oder gekauft sind. Dazu muss jedoch gesagt werden, dass insbesondere das Selbstbacken von süßem Gebäck den Hygge-Faktor enorm erhöhen kann. Es geht einfach darum, selbst Hand anzulegen und mit Liebe für Freunde und Familie und natürlich für einen selbst zu backen. Dass das Zuhause nach und nach mit dem Duft nach frischen Backwaren gefüllt wird ist ein weiteres Plus, welches das hyggelige Gefühl unterstützt. Selbstverständlich müssen beim

Backen keine Meisterwerke entstehen und wer das Backen ohnehin nicht gerne ausübt muss dies selbstverständlich nicht tun. Der Stolz jedoch, etwas selbst hergestellt zu haben und damit seine Freunde und Familie verwöhnen zu können, steigert das hyggelige Gefühl für einen Großteil der Dänen enorm.

Auch die heißen Getränke dürfen zum Kuchen und Gebäck nicht fehlen. Insbesondere der Kaffee ist hierbei für viele Dänen die erste Wahl. Tatsächlich belegt Dänemark mit einem Konsum von 8,16 Kilogramm pro dänischen Kopf pro Jahr den vierten Platz in der Rangliste, gleich nach Finnland, den Niederlanden und Schweden.[v] Auch am Abend wird zu einer Tasse Kaffee oder einem Cappuccino in Dänemark nicht Nein gesagt. Wer selbst Kaffee-Liebhaber ist, kann bestimmt nachempfinden, welch wohliges Gefühl genau die richtige Tasse Kaffee auslöst und wie dies mit Hygge zusammenhängen kann.

In der Ruhe liegt das Hygge

Kuchen, Teilchen und Kaffee – all diese Speisen und Getränke gehören in die Kategorie der hyggeligen Speisen. Mahlzeiten für Hygge sind aber weitaus mehr als nur Süßes und warme Getränke. Insbesondere die Speisen, die eine lange Zeit für die Zubereitung benötigen, werden als hyggelig angesehen. Die Gründe dafür sind vielfältig. Zum Einem eignen sich diese Arten der Speisen besonders gut für das gemeinsame Kochen. Hier geht alles ruhig und gemütlich zu und alle Zutaten können bei einem netten Gespräch gemeinsam vorbereitet werden. Eine stressige Küche ist somit eher das Gegenteil von Hygge. Zum anderen sind Gerichte, die eine lange Zeit für die Zubereitung benötigen und somit auch oftmals lange auf dem Herd stehen, besonders schmackhaft. Denken Sie nur einmal an die Hühnerbrühe für die Suppe, die erst einmal mehrere Stunden vor sich hin köchelt und den leckeren Geruch im gesamten Haus verteilt. Während die jeweiligen Speisen im Ofen oder auf dem Herd backen und kochen, kann übrigens auch die Küche aufgeräumt und das genutzte Geschirr gespült werden. So kann sich bei der Mahlzeit vollkommen auf das Hygge und die Gemeinschaft konzentriert werden und dreckiges Geschirr in der Spüle hat keine Chance, negative Stimmung aufkommen zu lassen, die schon einmal auftreten, wenn an die Berge an Tellern und Schüsseln gedacht wird, die verkrustet und verdreckt auf ihren Waschgang warten.

Der Hygge-Style – die dänische Mode

Ähnlich wie die dänische Inneneinrichtung eher in die minimalistische Richtung geht wird auch die dänische Mode als eher einfach, minimalistisch und dennoch elegant beschrieben. Nachfolgend werden Ihnen die wichtigsten Merkmale der dänischen Mode aufgezählt und erklärt, wie Sie diesen Kleidungsstil für Hygge nutzen können.

Die Schals: Ein dicker und gemütlicher Schal ist ein absolutes Muss für dänische Frauen, wie auch für die Männer. Insbesondere im Winter schützt ein kuscheliger Schal vor der Kälte und sorgt selbst im Freien für den nötigen Wohlfühl-Faktor. Selbst in den wärmeren Sommermonaten können manche Dänen nicht von ihren Schals lassen. Dabei gilt hier: Je größer, desto besser. Wenn Ihr Schal also eher einer wollenen Decke für das Sofa ähnelt, sind Sie genau auf der richtigen Spur. Kuscheln Sie sich in das weiche Material ein und erleben Sie die Gemütlichkeit eines Schals.

Schwarze Kleidung: Die Dänen präferieren grundlegend dunklere Farben bei der Wahl ihrer Kleidung. Man könnte auf den ersten Blick sogar meinen, dass die Kleiderschränke der Dänen mehr oder weniger Schwarz aussehen müssten. In den Sommermonaten kann es schon einmal vorkommen, dass der Däne mutig wird und auch ein farbiges T-Shirt trägt. Insgesamt jedoch scheuen die Dänen vor grellen und auffallenden Farben zurück, was das Auge, insbesondere bei hyggeligen Momenten, schont und nicht von den wichtigeren Dingen des Lebens ablenkt.

Schlabberpullis und Co.: Ein Strick-Pullover, das weite Sweatshirt und am besten noch ein zusätzlicher Cardigan drübergezogen – die Dänen stehen auf weite Bekleidung für den Oberkörper. Die Beine hingegen werden oftmals in enge Leggings oder Jeans gesteckt, sodass eine gute Balance zwischen weiter und enger Kleidung entsteht. Dabei sehen die Dänen nicht schlecht gekleidet oder gar unmodisch aus. Hier handelt es sich ganz einfach um einen gemütlichen und funktionalen Kleidungsstil, der vor kalten Küsten-Winden schützt und nicht erst durch bequemere Kleidung getauscht werden muss, wenn es ans Hyggeln geht.

Der Zwiebel-Look: Zu warme oder zu kalte Kleidung gibt es für die Dänen nicht. Stattdessen steht der sogenannte Zwiebel-Look ganz hoch im Trend. Hier wird Kleidungsschicht über Kleidungsschicht gezogen, sodass der Däne im Idealfall warm genug angezogen ist und nach Belieben die eine oder andere Hülle fallen lassen kann. Auch bei dieser Art der Kleidung handelt es sich um einen eher gemütlichen Kleidungsstil, der dabei hilft, dass dem Träger nie zu kalt oder viel zu warm wird und somit für einen hohen Komfort sorgt.

Einfache Frisuren: Die Dänen geben sich eher wenig Mühe wenn es um ihre Haare geht. Man könnte sogar meinen sie wären einfach faul. Die Devise lautet hier nämlich: „Aufwachen und los geht's." Lange im Bad stehen und die Mähne frisieren ist für die Dänen nicht notwendig. Frauen zum Beispiel tragen ihre Haare in der Regel einfach in einem Dutt auf dem Kopf. So unscheinbar dieses Merkmal vielleicht wirken mag trägt es doch stark zu einem hyggeligen Gefühl bei. Wer zwei Stunden lang seine Haare frisiert hat, der wird sich in der Regel davor hüten, sich gemütlich auf das Sofa zu legen oder in den Sessel zu rutschen, aus Angst, dass die Frisur ruiniert wird. Machen Sie es sich also auch auf dem Kopf gemütlich und tragen Sie Ihre Haare so, dass auch die eine oder andere Locke, die sich aus dem Zopf gelöst hat, nicht auffällt oder stört.

Ein Jahr voller Hygge

Hygge kann nicht nur dann stattfinden, wenn es draußen schneit oder stürmt. Zwar unterstützt ein solch unhyggeliges Ambiente vor der Haustür das Hygge drinnen im Wohnzimmer oder in der Küche, jedoch handelt es sich bei Hygge um ein Konzept, welches sich nicht auf eine Jahreszeit oder bestimmte Feiertage begrenzen lässt. Darüber hinaus lässt Hygge sich nicht auf die Wohninnenräume beschränken, sondern kann überall geschehen. Auch die Dänen leben nach der Weisheit: Es gibt kein schlechtes Wetter, es gibt nur schlechte Kleidung.

Während die Dänen den Winter am liebsten drinnen verbringen und Hygge im eigenen Zuhause oder dem von Freunden oder der Familie verbringen, werden die wärmeren Sommermonate bevorzugt so viel wie möglich draußen im Freien verbracht. Natürlich können die Wintermonate so als Hochsaison für Hygge betrachtet werden, insbesondere aus dem Grund, dass die Dänen, ungleich ihrer skandinavischen Nachbarn Norwegen und Schweden, eher weniger Möglichkeiten haben sich im Winter draußen sportlich zu betätigen. Aber auch die warmen Sommermonate laden zu hyggeligen Unternehmungen ein. Nachfolgend finden Sie eine hyggelige Idee für jeden Monat des Jahres:

Hygge im Januar - Gemütlicher Kochabend: laden Sie Ihre liebsten Freunde und Familienmitglieder ein und schneiden und kochen Sie drauf los! Dabei ist es egal, welches Gericht schlussendlich auf Ihren Tellern landet. Von den Dänen bevorzugt werden selbstverständlich herzhafte Gerichte, die lange Zeit auf dem Herd oder im Ofen zubereitet wurden. Aber auch der selbstgebackene Kuchen wird für das Hygge, wie Sie bereits wissen, nicht verachtet. Der gemeinsame Kochabend lässt sich übrigens noch hyggeliger gestalten, indem die Zutaten auf die Gäste verteilt werden und jeder etwas zu dem Hygge-Event beiträgt. Genießen können Sie Ihr Gericht übrigens anschließend am gedeckten Küchentisch aber auch auf dem Sofa im Wohnzimmer. Vergessen Sie nur eines nicht: Die notwendige Anzahl von Kerzen!

Hygge im Februar – Filmabend: Verabreden Sie sich mit Ihren Freunden zu einem gemütlichen Filmabend und machen Sie es sich kuschelig. Das bedeutet, dass Decken, Kissen und Kerzen natürlich nicht fehlen dürfen. Auch die warme Tasse Tee und die Knabbereien sind absolut wichtig für einen erfolgreichen Filmabend. Um das hyggelige Gemeinschaftsgefühl zu unterstützen ist es möglich, dass jeder Teilnehmer Ihres Hygge-Filmabends seinen Lieblingssnack sowie seinen Lieblingsfilm mitbringt. Während die Snacks gemeinschaftlich geteilt werden, kann bei den Filmen im Kollektiv entschieden werden, welcher die Leinwand schmücken wird.

Hygge im März – Vorfreude fördern: Haben Sie für das Jahr einen Urlaub oder eine bestimmte Aktivität geplant? Das fördern Sie Ihre Vorfreude, indem Sie aus dem März einen Themen-Monat machen und sich aus der Ferne auf die neue Kultur oder die ungewohnte Aktivität vorbereiten. Wer zum Beispiel einen Urlaub in Frankreich plant, der kann im März die französische (Ess-) Kultur erkunden und den einen oder anderen französischen Wein genießen oder ein Croissant in Eigenregie selber backen. Selbstverständlich sollten in solche Aktivitäten die gesamte Familie einbezogen werden, denn geteilte Vorfreude ist die größte Freude!

Hygge im April – Wandern und Outdoor-Kochen: Der April ist in den meisten Regionen der erste Monat, in dem wir gerne wieder rausgehen und den Frühling genießen. Gehen Sie wandern und nehmen Sie sich nicht nur Proviant für auf die Hand mit, sondern planen Sie ein gemeinsames Kochen – im Wald! Für die Wandertour dürfen die dicken Wollsocken sowie die Wollmütze natürlich nicht vergessen werden und auch bei den Zutaten für das

Kochen können Sie wieder alle Beteiligten in den Einkauf einspannen. So muss übrigens auch nicht nur eine Person alle Zutaten im Rucksack mit sich tragen. Lassen Sie sich von der Stille des Waldes und dem fehlenden Empfang beruhigen und erleben Sie, wie hyggelig es selbst im großen, grünen Wald sein kann.

Hygge im Mai – Wochenendtrip: Planen Sie für den Mai einen Wochenendtrip in eine Gegend, die Sie vielleicht noch nicht kennen. Dadurch, dass die Tage so langsam länger werden, lohnt es sich an den Strand zu fahren oder eine Hütte in einem Waldgebiet zu mieten. Vielleicht kennen Sie sogar jemanden, der ein Häuschen am See besitzt, welches Sie sich mit Ihren Freunden über das Wochenende mieten können. Das gemeinsame Grillen an lauen Sommerabenden mit einem kühlen Bier in der Hand wird übrigens auch von den Dänen als überaus hyggelig verstanden.

Hygge im Juni – DIY-Sirup herstellen: Wie Sie wissen ist das Kochen eine sehr hyggelige Aktivität. Insbesondere dann, wenn etwas so richtig Do-It-Yourself-mäßig erst gesammelt und anschließend eingekocht wird. Bei den Dänen steht hier der Holunderblüten-Sirup sehr hoch im Trend. Die Blüten dieser Pflanze werden gemeinsam gesammelt und im Anschluss in einem Zeitraum von 24 Stunden langsam, aber sicher zu einem süßlichen Sirup verarbeitet, welcher im Idealfall das gesamte Jahr über hält und Sie immer wieder mit seinem lieblichen Geschmack verwöhnt.

Hygge im Juli – Sommerliches Picknick im Garten: Insbesondere im Juli gehen die Dänen gerne nach draußen und genießen den Sommer. Auch Sie können eine hyggelige Aktivität im Freien angehen, dabei muss es jedoch nicht über die Grenzen Ihres Gartens hinausgehen. Veranstalten Sie zum Beispiel ein Sommer-Picknick und laden Sie Ihre Freunde, Familie und Verwandten ein. Noch hyggeliger wird es übrigens, wenn alle Gäste eine Kleinigkeit oder Ihre Lieblingsspeise mitbringen und so die Picknick-Decke mit einer großen Auswahl an Speisen versehen.

Hygge im August – Sterne gucken: Die warmen Sommerabende des Augusts laden dazu ein, lange im Freien zu sein und den schönen Nachthimmel zu beobachten. Packen Sie Decken, Kissen und das eine oder andere Glas Ihres Lieblingsgetränks ein und genießen Sie die Sterne, den Mond und vielleicht sogar die eine oder andere Sternschnuppe! Selbstverständlich wird ein solches Nachthimmel-Schauen noch hyggeliger, wenn Sie sich dafür mit Ihren Freunden oder Familienmitgliedern treffen.

Hygge im September – die Jagd nach den Pilzen: Ziehen Sie sich Ihre Wanderschuhe an und schnappen Sie sich einen Korb, ein Messerchen sowie Ihre Hygge-Begleitung und gehen Sie im Wald nach Pilzen suchen. Je wärmer und nässer das Wetter ist, desto besser stehen Ihre Chancen. Bei einem ausreichenden Sammel-Erfolg kann im Anschluss eine deftige Pilzpfanne (entweder über einem Lagerfeuer in Ihrem Garten oder in der Pfanne in der Küche) entstehen und Sie und Ihre Freunde satt und glücklich machen. (Da einige Pilze nicht essbar oder teilweise sogar giftig sind, ist es dringend ratsam, sich gründlich zu informieren oder einen Freund mitzunehmen, der sich gut mit den verschiedenen Pilz-Arten auskennt.)

Hygge im Oktober – Sammeln Sie Kastanien: Im Oktober werfen die Kastanienbäume ihre Früchte ab. Wenn Sie Kinder haben ist dies eine tolle Chance, um Zierkastanien zu sammeln und mithilfe von Zahnstochern kleinen Figuren zu basteln. Auch die Esskastanien können im Oktober gesammelt werden. Ritzen Sie die Kastanien kreuzförmig ein und legen Sie diese auf den heißen Kamin oder in den Ofen bis die Schalen aufplatzen und das Innere der Kastanien weich und genießbar ist.

Hygge im November – Eintopf kochen: Je kälter es wird, desto mehr schätzen wir deftige Eintöpfe und Suppen. Laden Sie Freunde und Familie ein und kochen Sie einen schmackhaften Eintopf oder eine deftige Suppe. Je länger das Gericht vor sich hin köchelt, desto hyggeliger wird Ihr Abend.

Hygge im Dezember – Spiele und Punsch: Auch der Dezember wird von den Dänen bevorzugt im Inneren verbracht. Stellen Sie einen heißen Topf Glühwein oder Punsch auf den Herd und laden Sie Ihre Freunde und Familienmitglieder zu einem gemütlichen Spieleabend bei Kerzenschein ein.

Das Erfolgsrezept von Hygge

Nun haben Sie die Grundsätze von Hygge kennengelernt und wissen inzwischen, wie Sie das dänische Wohlfühl-Konzept auch einfach in Ihren Alltag integrieren können. Schlussendlich handelt es sich bei Hygge bei weitem um keine Wissenschaft oder um ein kompliziertes Konstrukt – das Hygge liegt nämlich in der Einfachheit und Unkompliziertheit der Dinge. Schauen wir uns abschließend noch einmal genauer an, wieso Hygge für so viele Menschen, die unterschiedlicher nicht sein könnten – selbst die Dänen haben zwar ähnliche Vorlieben, sind schlussendlich dennoch individuelle Persönlichkeiten – trotzdem immer wieder das gleiche Wohlfühlgefühl hervorbringt und dementsprechend immer wieder genutzt wird.

Die Gemeinschaft ist ein ausschlaggebender Punkt, der das Hygge für einen Großteil der Menschen so interessant macht. Wir Menschen sind in der Regel ungern allein und verbringen unsere Freizeit am liebsten mit engen Freunden oder der Familie. Selbstverständlich ist es Ihnen auch möglich alleine zu hyggeln und so einen ruhigen Moment mit einem Glas Rotwein in der Hand und einem guten Buch auf dem Sofa zu verbringen, jedoch wird es am hyggeligsten wenn wir uns mit unseren Liebsten umgeben und von einer angenehmen Gemeinschaft profitieren. Da es beim Hygge nicht darum geht möglichst viele Freunde zu haben oder eine Vielzahl an Menschen kennenzulernen, fordert uns das Zusammensein mit den Menschen, die wir ohnehin am liebsten um uns haben, auch nicht sehr stark heraus, sondern gibt uns ein Gefühl der Gemeinsamkeit und der Familienzugehörigkeit.

Ein weiterer Punkt, wieso so viele Menschen von Hygge profitieren, ist die einfache und unkomplizierte Art dieses Konzepts. Man könnte sogar behaupten, Hygge wäre einfach „casual". Während dieses Wort aus der englischen Sprache direkt übersetzt so viel wie „beiläufig" bedeutet, kennen wir es doch auch aus dem Kontext der Kleidung. Eine Hochzeit kann somit zum Beispiel einen schicken Kleidungsstil fordern oder die Gäste dürfen alternativ in einem „casual dresscode" erscheinen. Das bedeutet, dass wir uns keine Mühe bei der Wahl unseres Outfits geben müssen und einfach so kommen können, wie wir uns wohlfühlen und im Alltag auch kleiden würden. Genauso funktioniert Hygge. Sie müssen sich nicht schick machen, die unbequeme Hose anziehen und eine extra Schicht Mascara auftragen. Kommen Sie so, wie Sie sind und sich wohlfühlen. Die lockere Art von Hygge macht sich darüber hinaus nicht nur durch Ihr Aussehen bemerkbar, sondern ist in den verschiedensten Bereichen spürbar. Die Decke auf dem Sofa muss nicht extra gefaltet werden, sie wird schließlich sowieso wieder aufgefaltet und für ihre Wärme genutzt. Die Tropfen Wachs auf dem Tisch sind beim Hygge auch gar kein Problem, sondern tragen eher noch zu dem hyggeligen Gefühl bei. Bei Hygge muss nichts perfekt sein, das Wichtigste ist, dass Sie und Ihre Hygge-Begleitung sich wohlfühlen und den Moment genießen können.

Der dritte Punkt, wieso Hygge sich für jeden eignet, ist die Verbundenheit zu der Natur. Wir alle sollten mehr zur Natur zurückfinden und diese nicht nur mehr schützen, sondern auch mehr wertschätzen. Allein ein Spaziergang im Wald kann uns ein Lächeln auf die Lippen zaubern und den Tag so viel besser gestalten. Wer sich außerdem auf die Natur um ihn herum konzentriert, der ist weniger schnell von dem Smartphone oder dem Laptop abgelenkt und kann so richtig auftanken. Genau das führt uns auch schon zum nächsten Punkt, denn Hygge bedeutet auch, dass wir im jetzigen Moment anwesend sind und nicht Konversationen in unserem Handy oder den Stress auf der Arbeit als wichtiger erachten als die gemeinsame Zeit mit Freunden und der Familie. Investieren Sie sich und genießen Sie gute Gespräche und eine gute Gemeinschaft. Versuchen Sie, im Hier und Jetzt anwesend zu sein und Ihrer Begleitung Ihre volle Aufmerksamkeit zu schenken. Wer dies immer wieder bewusst tut wird merken, dass uns aufrichtige Gespräche, die Begleitung von Freunden und das pure Genießen des Augenblicks so viel besser tun, als es die Ablenkungen des Alltags, wie der Fernseher, der Laptop und auch das Handy täten. Das Schöne hierbei ist übrigens, dass wir uns mit der Zeit immer mehr nach dem Sein im jetzigen Moment sehnen und die Ruhepausen und Auszeiten immer mehr genießen und wertschätzen können.

Ein weiterer Grund, wieso Hygge so vielen Menschen gefällt und immer wieder zum Einsatz kommt, ist, dass Hygge nicht viel kosten muss. Selbstverständlich haben hyggelige Unternehmungen, wie ein Wochenendtrip, ihren Preis, das Grundkonstrukt von Hygge jedoch, also der gemütliche Abend im eigenen Wohnzimmer in guter Gesellschaft, ist so gut wie kostenfrei. Bei Hygge geht es nicht um Neues oder schicke Dinge. Hygge ist rustikal, langsam und ganz entspannt. Somit kann sich auch jeder Hygge leisten, denn es lässt sich mit den einfachsten Mitteln kreieren und versorgt uns nachhaltig mit einem wohligen und entspannten Gefühl. Die Einfachheit wird in Dänemark, auch fernab von Hygge, sehr geschätzt und so ist es auch nicht verwunderlich, dass Hygge das mitunter unkomplizierteste Konzept ist, welches wir uns nur vorstellen können. Die richtige Atmosphäre lässt sich ganz einfach nicht für Geld kaufen, sondern entsteht genau da, wo Sie sich wohlfühlen und alle Mauern um sich herum fallen lassen können. Genießen Sie die einfachen Dinge im Leben, alleine oder gemeinsam mit Freunden und der Familie!

Lykke

['løkə] **Substantiv** *norwegisch, dänisch*

Das Glück, die Lehre vom Glück, weiblicher Vorname

Es wird vermehrt als das neue Hygge bezeichnet. *Lykke* ist nicht nur ein weit verbreiteter Vorname in Dänemark, sondern bedeutet gleichzeitig auch *das Glück.* Wenn Sie sich noch an den Beginn dieses Ratgebers erinnern können wissen Sie bestimmt auch noch, dass Dänemark eines der glücklichsten Länder der Welt ist. Das liegt nicht nur daran, dass ein Großteil der Dänen es sich regelmäßig hyggelig macht und Hygge mit Freunden, der Familie oder alleine erlebt. Auch das Konzept von Lykke – die Lehre vom Glück – trägt dazu bei, dass die Dänen beim World Happiness Report immer wieder unter den Top Ten landen. Ähnlich wie es sich bei Hygge um ein Konzept handelt, welches uns die Gemütlichkeit und Gelassenheit näherbringt, gibt es auch die Lehre vom Glück in Dänemark – Lykke - welches schlussendlich für Menschen auf der ganzen Welt anwendbar ist. Während es sich bei Hygge jedoch mehr oder weniger um den Inbegriff der dänischen Lebensweise und der dänischen Ästhetik handelt, welche in kleinen oder großen Stücken auch bei uns Einzug halten kann, handelt es sich bei Lykke um ein Konzept, dass unabhängig von äußeren Umständen oder dem Ambiente anwendbar ist und in den verschiedensten Kontexten Großes bewirken kann.
Schlussendlich geht es bei Lykke nicht nur um das Glück oder das Verstehen von Glück, sondern um das Verstehen vom Leben. Lykke ist somit nicht das neue Hygge. Vielmehr kann Lykke als die kleine Schwester von Hygge betrachtet werden, die auf dem Boden der Tatsachen bleibt und uns erklärt, dass das Glück nicht einfach vom Himmel fällt, sondern ein komplexes Gebilde hinter den einfachen Wahrheiten unseres Lebens darstellt. Mithilfe von Lykke werden Sie lernen, wie die einfachsten Dinge, beziehungsweise eine Kombination aus jenen einfachen Dingen, uns glücklich machen können und unser Glück nicht nur auf einem Aspekt

unseres Lebens beruht, sondern sich wie ein Bild aus vielen verschiedenen Lebensbereichen zusammensetzt.

Für wen eignet sich Lykke?

Ein jeder Mensch versucht in der Regel, glücklich zu sein. So gut wie alles was wir tun und leisten, ist darauf gerichtet glücklich zu sein oder zu werden. Der eine versucht mithilfe seiner sozialen Kontakte glücklich zu werden oder schöpft sein Glück aus der Beziehung zum Lebenspartner. Der Andere hingegen fokussiert sich auf die Karriere und erhofft sich so mithilfe des gewonnenen Status und den Finanzen einen glücklichen Zustand zu schaffen. Wieder andere Menschen fokussieren sich auf sich selbst und versuchen, überwiegend das zu tun, was sie glücklich macht oder suchen ihr Glück in schönen Dingen, wie dem neuen Flatscreen-TV oder der Designer-Tasche. Wir alle versuchen also auf diese oder jene Art und Weise, das Glück in unser Leben zu bringen und nachhaltig von diesem zu profitieren.

Somit dürfte eigentlich klar sein, dass die Lehre vom Glück – Lykke – sich für jeden Menschen eignet, denn wer möchte schon nicht glücklich sein? Vielleicht beschäftigen Sie sich schon länger mit dem Zustand Ihres Glücks oder Unglücks und fragen sich, inwiefern ein jeder Mensch glücklich werden kann – wie soll eine Person schließlich Glück empfinden, wenn sie nicht über ausreichend Geld verfügt, um sich hochwertig zu ernähren? Oder wie sollen Menschen glücklich sein, die auf der Straße leben und wortwörtlich nichts besitzen? Stellen Sie sich jedoch gleichzeitig einmal die Frage, ob Sie zu einhundert Prozent sicher sind, dass alle Menschen, die über Reichtum und Luxus verfügen, immer glücklich sind. Mit großer Wahrscheinlichkeit können Sie diese Frage nicht unbedingt mit einem klaren „Ja!“ beantworten. Unser Glück ist zwar zu bestimmten Teilen von unseren äußeren Lebensumständen abhängig, das durften Sie zu Beginn des Ratgebers bereits lesen, der Rest jedoch ist das, was wir aus unserem Glück machen. Darüber hinaus gehört zu unserem Glück mehr als Luxus und Geld. Somit eignet sich die dänische Lehre vom Glück – Lykke – für jeden Menschen, der in seinem Leben mehr

Glück empfinden möchte. Ihr finanzieller Status, Ihr Zuhause oder Ihre zwischenmenschlichen Beziehungen machen schlussendlich zwar einen Teil des Glücks aus, werden jedoch nicht davon bestimmt. Unser Glück setzt sich aus vielen verschiedenen Aspekten, wie ein Puzzle, zusammen und genau deswegen eignet sich Lykke, um eine jede Person zumindest ein kleines Stück glücklicher zu machen.

Geschichtlicher Hintergrund – woher stammt Lykke?

Bei Lykke handelt es sich um ein relativ neues Konzept aus Dänemark, welches wiederum gar nicht so neu ist. Es kommt uns lediglich vor wie ein neues Konzept, weil wir bisher noch nicht vieles über Lykke gehört haben. Während der Begriff *Hygge* bereits seit einigen Jahren immer wieder zu sehen und zu lesen ist, kennen wir Lykke noch nicht sehr gut. Dies hat sich für viele Menschen im Jahr 2017 geändert, als der CEO des Happiness Research Institutes Meik Wiking, welcher darüber hinaus auch noch Däne ist, ein Buch über Lykke schrieb und genauer erklärte, woher die Zufriedenheit und das Glück rühren, von dem die Dänen seit Jahrzehnten profitieren. Der Däne beschäftigte sich seit geraumer Zeit mit dem Glück und Unglück der Menschen auf der gesamten Welt, schließlich ist er der Begründer des Instituts für Glücksforschung in Dänemark.[vi] Insbesondere die Frage, wieso die Menschen einiger Länder so viel glücklicher sind als die Menschen anderer Länder beschäftigte den Dänen, weswegen er nicht nur die äußeren Umstände der jeweiligen Menschen, wie die Regierung, die Verhältnisse im Land und das Einkommen betrachtete, sondern tieferging und erforschte, wie der Mensch sein Glück von innen heraus bilden kann. Sein Vorzeige-Beispiel ist dabei die dänische Bevölkerung, die seit einiger Zeit als die glücklichsten Menschen der Welt angesehen werden. Meik Wiking hat das Rad mit seinen Erkenntnissen zu Lykke zwar nicht neu erfunden, schließlich gibt es das grundlegende Prinzip in der

dänischen Kultur seit Jahren wenn nicht sogar Jahrzehnten, jedoch hat er es geschafft, Nägel mit Köpfen zu machen und das Konzept des Glücks der Dänen für den Rest der Welt zugänglich zu machen.
Profitieren also auch Sie von der dänischen Lehre vom Glück und erkennen Sie, dass das Glück sich nicht einfach nur auf einem Punkt legen lässt, sondern sich wie ein Puzzle mit verschiedenen Teilen zusammensetzt.

Die drei Säulen des Glücks

Glück ist nicht einfach gleich Glück. Genau genommen wird davon ausgegangen, dass es drei verschiedene Arten des Glücks gibt: Das Zufallsglück, das Wohlfühlglück und das Glück der Fülle.[vii] Schauen wir uns die unterschiedlichen Typen des Glücks einmal genauer an:

Das Zufallsglück

Das Zufallsglück beschreibt das Glück, auf welches wir keinen großen Einfluss haben. Insbesondere durch unseren alltäglichen Wortschatz verweisen wir immer wieder auf diese Art des Glücks: „Viel Glück Dir nachher!“ oder auch „Da hast Du aber noch einmal Glück gehabt!“. Der siebte Chicken Nugget in der Sechser-Packung, das Gewinner-Lottoticket oder das Überqueren der Straße, welches gerade noch einmal glimpflich verlaufen ist – hier wird in der Regel immer vom Zufallsglück gesprochen. Zufallsglück muss darüber hinaus aber nicht immer in kurzfristiger Form erscheinen. Vielleicht haben Sie schon einmal in Ihr Leben zurückgeblickt und erkannt, dass dieses oder jenes überhaupt nie geschehen wäre, wenn eine bestimmte Sache nicht passiert wäre. Auch in diesem Fall wird von Zufallsglück gesprochen, auch, wenn es sich um einen Zeitraum von Jahren handeln kann, bis dieses Glück rückwirkend erkannt wird.

Genauso jedoch, wie wir manchmal einen besonders guten Tag haben und uns vom Glück gesegnet fühlen, gibt es auch Tage an denen einfach alles schief zu laufen scheint, egal was wir tun. Wir können diese Art des Glücks einfach nicht beeinflussen, hierfür gibt es keine Regeln und keine Richtlinien. Dementsprechend ist das Zufallsglück auch nicht Hauptthema von Lykke. Weiter geht es also zur zweiten Säule des Glücks, dem Wohlfühlglück.

Das Wohlfühlglück

Während das Zufallsglück das Glück ist, was wir nicht aktiv beeinflussen können, können wir tatsächlich an unserem Wohlfühlglück arbeiten. Das ist es zumindest, was uns ein Großteil an Blogs und Ratgebern glauben lassen wollen: „Schaffen Sie Ihr eigenes Glück!“ oder „Jagen Sie dem Glück hinterher!“. Solche Aussagen verleiten uns dazu, dem Wohlfühlglück hinterherzu jagen, welches sich überwiegend aus den positiven Gefühlen unseres Lebens zusammensetzt. Die Freude, der Rausch einer Party, das Adrenalin nach einem Fallschirmsprung oder auch der Kauf der Designertasche – all diese Dinge schütten Glückshormone in unserem Körper aus und werden deswegen von einem Großteil der Menschen als *das* Glück schlechthin wahrgenommen. Wir jagen dieser Art des Glücks bewusst oder unbewusst hinterher, denn es hilft uns – zumindest eine kurze Zeit lang – alles Negative und die Schmerzen unseres Lebens zu vergessen und die Lust und den Wohlfühlmoment zu maximieren.
Schlussendlich stellt das Hinterherjagen und aktive Suchen nach diesem Wohlfühlglück mehrere Probleme dar und Sie können sich bestimmt schon denken, dass es sich bei dieser Art des Glücks nicht um das wahre Glück handelt. Zum Einem scheint das Wohlfühlglück teilweise schier unerreichbar. Es künstlich herstellen zu wollen kann sogar zu einer Art Sucht führen. Es ist also nicht wunderlich, dass Menschen teilweise in Kauf-, Trink-, oder andere Süchte verfallen, denn die Erfüllung dieser Süchte bringt immer wieder einen kleinen Glücksmoment, der jedoch ebenso schnell wieder verfliegt wie er kommt. Dies bringt uns auch

schon zum zweiten Punkt wieso das Nachjagen des Wohlfühlglücks ein eher schwieriges Unterfangen ist: Es ist flüchtig. Wohlfühlglück ist immer nur in kleinen Momenten erlebbar und verfliegt anschließend wieder. Das heißt nicht, dass wir uns nicht an diese Momente erinnern und aus ihnen Freude tanken können, jedoch entwickelt ein Mensch, der dem Wohlfühlglück hinterhereifert, eher Süchte und Unzufriedenheit, als dass er das wahre Glück findet. Schlussendlich kann sich diese Art des Glücks auch abnutzen. Das bedeutet, dass der erste Fallschirmsprung die stärksten Emotionen auslösen kann, die eine Person jemals empfunden hat. Auch der zweite und dritte Sprung schaffen es noch, die Freude und das Glück auszulösen. Spätestens beim einhundertsten Sprung jedoch ist davon auszugehen, dass der einst adrenalinreiche Sprung nun mit einer gewissen Routine und vielleicht sogar Langeweile angegangen wird. Dieses Prinzip lässt sich mehr oder weniger auf alle Quellen des Wohlfühlglücks anwenden. Ob Sex, Shopping, Essen oder Wellness – alles wird mit der Zeit zur Routine und bringt nicht mehr das Glück, was einst empfunden wurde.

Der wohl wichtigste Punkt, wieso das Jagen nach dem Wohlfühlglück nicht sinnvoll ist, ist der, dass wir in solch einem Fall alles Negative aus unserem Leben verbannen zu versuchen. Ein Tag, an dem wir kein Wohlfühlglück erlebt haben, ist somit schlussendlich ein Tag der gerne aus dem Kalender gestrichen werden könnte. Wir versuchen, dauerhaft glücklich zu sein mit einer Art des Glücks, die unser Leben zwar bereichern kann, sich jedoch nicht dafür eignet uns auf Dauer und ein Leben lang Glück zu bescheren.

Das Glück der Fülle

Das Glück der Fülle umfasst unser gesamtes Leben. Menschen, die das Glück der Fülle erkannt haben und von diesem profitieren haben erkannt, dass das Leben nicht ausschließlich positiv sein kann. Auch die negativen Seiten gehören dazu. Die schottische Weisheit „Today's rain is tomorrow's whisky." (zu Deutsch: Der Regen von heute ist der Whisky von morgen) beschreibt das Glück der Fülle ganz gut. Es gehören immer zwei Seiten dazu – die Positive und die Negative. Wir müssen beide Seiten unseres Lebens wahrnehmen und akzeptieren, ansonsten haben wir keine Chance, glücklich zu werden. Der Regen stört zum Beispiel das Picknick, das Sie geplant haben. Gleichzeitig tut der Regen der Natur jedoch auch gut und sorgt dafür, dass Sie in einem Jahr noch einmal ein Picknick an der gleichen, ebenso schönen Stelle, machen können. Das Glück der Fülle hilft uns, zu verstehen, dass negative Dinge und Probleme, wie Falten, Krankheiten und auch Sorgen, zu unserem Leben dazugehören und uns dabei helfen können, die guten Dinge des Lebens noch mehr anzuerkennen und zu genießen.

Das Glück der Fülle bietet Ihnen mehrere Vorteile: Sie müssen zum Beispiel nichts dafür tun. Sie müssen sich kein neues Auto kaufen oder ein Fünf-Gänge-Menü verspeisen, um diese Art des Glücks zu erleben. Das Einzige, was Sie tun müssen ist achtsam zu sein und zu erkennen, was innen und außen um Sie herum geschieht. Ein weiterer Vorteil des Glücks der Fülle ist, dass es von Dauer ist und nicht bei dem nächsten Problem verfliegt. Während Menschen, die dem Wohlfühlglück hinterherjagen, Gefahr laufen sich zu verlaufen oder gegen unsichtbare Hindernisse zu rennen, kann dies beim Glück der Fülle nicht geschehen. Hier geht es eher darum das Leben als Ganzes mit seinen positiven und negativen Seiten anzuerkennen und zu genießen. Wer mit seinem Leben grundlegend zufrieden ist und das Gefühl hat, einen Sinn für sein Leben gefunden zu haben, der hat in der Regel schon eine gute Portion dieses Glücks der Fülle gefunden und für sich angenommen.

Sechs Faktoren führen zum Glück

Wie Sie inzwischen wissen basiert tiefgehendes und nachhaltiges Glück und unser Glücklichsein nicht nur auf einem Bereich unseres Lebens und kann nicht durch das Wohlfühl- oder Zufallsglück auf künstliche Art und Weise erzeugt werden. Stattdessen gibt es sechs Faktoren welche beeinflussen, wie glücklich wir sind und wie stark wir das Glück der Fülle wahrnehmen. Die sechs Faktoren, beziehungsweise Lebensbereiche, die in Kombination unser Glück ausmachen, sind: Die Gemeinschaft, die Finanzen, unsere Gesundheit, die Freiheit, das Vertrauen sowie der liebevolle Umgang miteinander. Die nachfolgenden Kapitel nehmen Sie an die Hand und erklären Ihnen, wie genau das Leben der Dänen in den jeweiligen Bereichen aussieht und wie auch Sie von dem Wissen profitieren können, damit Sie schlussendlich aus vollem Herzen behaupten können rundum glücklich zu sein und ein glückliches und erfülltes Leben zu führen.

Die Gemeinschaft

Die Gemeinschaft mit anderen Menschen war bereits ein Schlüsselpunkt bei Hygge. Wir fühlen uns wohler wenn wir uns mit Menschen umgeben, die wir gerne haben und mit denen wir bevorzugt Zeit verbringen. Dies kreiert nicht nur eine wohlige und gemütliche Atmosphäre für unseren hyggeligen Abend, sondern macht uns auch ganz einfach glücklich. Während wir in unserer Kindheit in der Regel eng in der Familie eingebunden sind und somit einen starken Halt erfahren, ist dies im Erwachsenenalter häufig nicht der Fall. In nicht wenigen Fällen leben Menschen alleine und verbringen dementsprechend auch einen großen Teil ihrer Freizeit ohne die Gesellschaft von Freunden und der Familie. Dabei ist genau das der Punkt, der uns glücklich macht. Wer sich einem Kreis aus Menschen zugehörig fühlt, sei es die leibliche Familie oder auch der Freundeskreis, welcher einem ebenso stark ans Herz gewachsen ist wie die Familie – wir fühlen uns als Teil einer Gemeinschaft und sind nicht mehr isolierte Individuen. Unsere leibliche oder nicht leibliche Familie gibt uns ein Gefühl der Zugehörigkeit und ein Zuhause. Dieses Gefühl - diese Gemeinschaft – lässt sich durch kein Geld der Welt ersetzen und macht den Menschen deutlich glücklicher, als das Frustshoppen oder eine Tafel Schokolade es jemals könnten. Hygge trägt somit auch ganz einfach zu dem Glück der Dänen bei. Wer seinen Hygge-Kreis gefunden hat und sich mit diesem wohlfühlt der weiß, dass er immer eine Anlaufstelle für die guten wie auch schlechten Dinge des Lebens hat und verfügt sozusagen über ein Sicherungsseil, sollten die Dinge einmal schieflaufen. Nicht nur das, die Gemeinschaft mit anderen Menschen zeigt uns auch, dass wir nicht allein durch dieses Leben gehen müssen und nicht die einzigen Menschen sind, denen schlechte Dinge widerfahren oder die ab und zu auch mal Pech im Leben haben. Schlussendlich sitzen wir einfach alle in demselben Boot und versuchen, das Beste aus der Situation zu machen – wie glücklich können wir uns dann schätzen, unsere besten Freunde und liebsten Familienmitglieder mit uns in diesem Boot sitzen zu haben?

Das Glück durch die Gemeinschaft geht bei den Dänen tatsächlich weit über die Freundschaften und Familienzugehörigkeit hinaus. Wussten Sie, dass die Dänen mitunter am meisten Steuern (im Vergleich zu anderen Ländern der Welt) zahlen? Wie kann es dann sein, dass die Dänen trotzdem so glücklich sind? Vielleicht lautet die Antwort, dass die Bevölkerung Dänemarks nicht trotz der Steuern, sondern aufgrund der Steuern so glücklich ist. Die Dänen sehen beim Zahlen der Steuern nämlich nicht in erster Instanz den Verlust des eigenen Geldes, sondern das Allgemeinwohl. Wer in Dänemark Steuern zahlt, der kann sich sicher sein, dass auch er auf lange Sicht davon profitiert. Dass andere Dänen vielleicht sogar noch mehr von diesen Steuern profitieren, ist dabei in der Regel kein Grund für Frust, sondern für Dankbarkeit darüber, dass die Möglichkeit besteht mit einem kleinen Teil Großes bewirken zu können. Diese Haltung ist für viele Menschen unverständlich. Nicht umsonst hören wir immer wieder von Steuerbetrügern und Menschen, die ihr Geld lieber auf illegale Weise anlegen als ihre Steuern zu zahlen und somit das Allgemeinwohl (hier ist natürlich vorausgesetzt, dass die Regierung die Steuern auch für das Allgemeinwohl einsetzt) zu unterstützen. Was von Dänemark, beziehungsweise von den skandinavischen Ländern generell, jedoch bekannt ist, ist, dass die Korruptionsrate in diesen Ländern besonders niedrig ist. Darüber hinaus arbeitet die Regierung Dänemarks mit einer hohen Transparenz. Die Dänen können ihrer Regierung also vertrauen und haben einen genauen Überblick darüber, was mit ihrem Geld gemacht und wohin es geleitet wird. Somit sind die Steuern für die Menschen Dänemarks in der Regel keine Last, sondern vielmehr eine Art in die Zukunft und in die Gesellschaft zu investieren.

Das dänische Wort für Gemeinschaft lautet übrigens: *fællesskab*. Dieses Wort lässt sich aufspalten in zwei verschiedene Worte: *fælles*, was so viel bedeutet wie *geteilt* oder *gemeinsam* und *skab*, was sich übersetzen lässt mit den Worten *Schrank* oder auch *kreieren*. Die dänische Gesellschaft ist für die Bevölkerung also nicht nur ein gemeinsamer Vorratsschrank – die Betonung liegt hier auf *gemeinsam* – sondern auch etwas, was die Dänen gemeinsam kreieren und sich gemeinsam aufbauen.

Der gemeinsame Garten

Dass die Gesellschaft mit anderen Menschen für die Dänen besonders wichtig ist zeigt sich auch durch ein bestimmtes Wohnprojekt, welches langsam aber sicher, die ganze Welt begeistert: *bofællesskaber.* Diese Art des Wohnens vereint den Wunsch nach Privatsphäre sowie Gesellschaft. Sie können sich einen bofællesskaber vorstellen wie eine kreisförmige Anordnung von Häusern. Jede Familie hat ihr eigenes Haus, welches selbstverständlich auch aufgebaut ist wie ein ganz gewöhnliches Haus. Das Interessante ist jedoch der Garten. Dieser befindet sich mittig in dem Kreis der Häuser und verfügt in der Regel über eine gemeinsame Kochstelle. Von Montag bis Freitag wird auf dieser

Kochstelle gemeinsam gekocht und auch gemeinschaftlich gegessen. Die Kosten werden ganz einfach aufgeteilt. Oftmals lässt sich in einem bofællesskaber darüber hinaus auch ein gemeinsamer Gemüse- und Obstgarten vorfinden, der ebenfalls gemeinschaftlich bearbeitet wird.

Der Grund, wieso dieses Wohnkonzept so gut funktioniert und so schnell an Beliebtheit gewonnen hat, ist die Möglichkeit Gesellschaft genießen zu können und sich gleichzeitig wieder zurückziehen zu können. Wer sein Haus nicht verlässt und nicht in den Garten hinaus geht, der wird von seinen Nachbarn auch nicht gestört. Wer jedoch Gesellschaft wünscht, der wird in der Regel kein Problem haben, das eine oder andere Grüppchen von Menschen im Garten zu finden oder die gemeinsamen Kochabende mitzugestalten. Insbesondere für den Nachwuchs der Dänen stellt dieses Konzept hauptsächlich Vorteile da. So sind in der Regel immer Freunde zum Spielen da und die Eltern können sich sicher sein, ihren Nachbarn mit der Aufsicht ihres Nachwuchses vertrauen zu können. Gleichzeitig stellt dieses Wohnkonzept auch viele Vorteile für ältere Menschen dar. Sie sind nicht isoliert und können auf die Hilfe und Gesellschaft ihrer Nachbarn vertrauen. Schlussendlich erinnert diese Art des Wohnens stark an ältere Dorfgemeinschaften, die sich untereinander halfen und füreinander sorgten. Zwar verstehen viele Menschen das isolierte Wohnen alleine als eine Art Fortschritt von dem veralteten Konzept des Dorflebens, jedoch stellt sich die Frage ob wir wirklich glücklicher sind wenn wir rund um die Uhr unsere Ruhe haben und uns allenfalls über Social-Media und das Smartphone mit anderen unterhalten, anstatt immer wieder direkte, freundliche und hilfreiche Gespräche mit Nachbarn und Freunden zu führen.

Glücklich ist, wer nicht alleine ist

Schließen Sie einmal die Augen und denken Sie über den letzten Moment nach, in dem Sie so richtig glücklich waren. Waren Sie in diesem Moment alleine oder befanden Sie sich in Gesellschaft? Wenn Sie sich in Gesellschaft befanden, handelte es sich um Freunde oder Familienmitglieder oder bestand die Gesellschaft aus Fremden oder entfernten Bekannten?

Ein Großteil der Menschen verbindet glückliche Erinnerungen und positive Erlebnisse oftmals mit ihren Freunden oder engen Familienmitgliedern. Wir sind glücklicher, wenn wir uns in der Gesellschaft anderer Menschen befinden. Natürlich lässt sich diese Aussage nicht unbedingt pauschalisieren, denn auch hier gilt: Die Qualität ist wichtiger als die Quantität. Vielleicht haben Sie sich schon einmal in einem Raum voller Menschen befunden und dennoch einsam und allein gefühlt. Es geht bei unserer Gesellschaft also nicht einfach darum, irgendwelche Menschen zu finden und sich mit diesen zu umgeben. Es geht darum die Menschen zu finden, mit denen Sie sich vollkommen wohl fühlen und mit denen Sie sich tiefgehend austauschen können. Dann ist es auch gar nicht schlimm, wenn Sie sich nur alle ein bis zwei Wochen treffen können, anstatt jeden zweiten Abend in der Gesellschaft zu verbringen. Ein guter und tiefgehender Abend kann Sie mehr auftanken lassen, als es 25 flache und uninteressante Gespräche mit Menschen, die Sie nicht sehr gut kennen, tun könnten. Das bedeutet natürlich nicht, dass Sie alle Menschen, die Sie bis jetzt nicht besonders gut kennen, aus Ihrem Leben verbannen sollten. Vielmehr geht es darum die richtige Balance zu finden und aus beiden Beziehungsarten das zu ernten, was zu ernten ist. Nachfolgend finden Sie ein paar nützliche Tipps mithilfe derer Sie die Möglichkeit haben, nicht nur Ihre engen Beziehungen zu vertiefen und noch mehr qualitativ hochwertige Zeit mit Ihren Freunden und Ihrer Familie zu verbringen, sondern auch den gesellschaftlichen Aspekt Ihrer Umgebung kennen zu lernen und zu fördern. Bei den Dänen ist Hygge schließlich auch nicht alles, denn auch die gesamte Gesellschaft und die positive Gemeinschaft mit anderen trägt zu Lykke und dem Glücklichsein bei.

Tipps für die Gemeinschaft – das Essen

Die täglichen Mahlzeiten schenken uns vor allem Zeit mit unserem Partner, unserer Partnerin oder unserer Familie. Dabei ist das gemeinsame Essen oftmals eine schnelllebige Angelegenheit. Eben kurz die Nudeln reinschaufeln und schon geht es weiter im Programm. Gute Gespräche und der Austausch miteinander bleiben hierbei oftmals auf der Strecke, vor allem weil es als unhöflich angesehen wird, mit vollem Mund zu sprechen. Dabei haben unsere Mahlzeiten das Potential, eine kleine Auszeit im Alltag zu sein und den Zusammenhalt in der Familie oder in der Partnerschaft zu fördern. Unabhängig davon, ob es sich um die tägliche Einnahme der gemeinsamen Mahlzeit handelt oder Sie einen hyggeligen Kochabend mit Freunden planen, können Sie dieses Zusammentreffen noch gesellschaftlicher gestalten, zum Beispiel mithilfe einiger Rituale. Ein Ritual, oder eine Maßnahme, um die gemeinsamen Mahlzeiten zu mehr als nur den Mahlzeiten werden zu lassen, hochwertige Gespräche zu führen und sich untereinander auszutauschen, sind Kerzen. Ja, Sie haben richtig gelesen, es geht wieder einmal um die Kerzen. Grundlegend sorgt das Ambiente Ihrer Mahlzeit dafür, dass diese eher schnell gegessen und wieder aufgestanden wird oder gute Gespräche entstehen und Gemeinschaft erlebt wird. Wer seine Mahlzeiten vor dem Fernseher einnimmt und gebannt auf die Sitcom starrt, die abgespielt wird, wird sich in der Regel eher weniger mit seinen Mitmenschen austauschen. Wer jedoch seine Mahlzeiten am gedeckten Tisch einnimmt und im Idealfall noch eine oder zwei Kerzen anzündet, der wird bemerken, wie schön es auch sein kann, nach der Mahlzeit noch zusammen zu sitzen und sich über den Alltag auszutauschen. Auch der gemeinsame Abwasch – oder das gemeinsame Kochen vor der Mahlzeit – kann den Aspekt der Gemeinschaft unterstützen. Es geht jedoch schlussendlich darum, Rituale zu finden, mit denen Sie sich wohlfühlen und die Sie über einen langen Zeitraum in Ihre Routine integrieren möchten. Wie Sie aus dem Ratgeber-Teil über Hygge bereits wissen, macht die Atmosphäre einiges aus und hilft uns, uns wohler zu fühlen und eine lockere Atmosphäre zu gestalten. Was könnten Ihre Rituale am Essenstisch sein, mit der Sie eine wohlige und gesellschaftliche Atmosphäre kreieren? Die Kerzen auf dem Tisch, das gemeinsame Kochen oder die Fragerunde: „Was war heute Dein schönstes und unschönstes Erlebnis?“?

Tipps für die Gemeinschaft – Nachbarschaft

Im Gegensatz zu den Dänen leben wir relativ isoliert. Ein gutes Verhältnis zu unseren Nachbarn rechts und links oder auch oben und unten ist nicht immer die Norm, denn wir sind es manchmal einfach nicht gewohnt oder haben keine Energie, neue Beziehungen zu bilden und neue Menschen kennen zu lernen. Dabei kann auch eine gute Nachbarschaft unser Lykke stärken und uns glücklicher machen. Hier kommt wieder der gesamtgesellschaftliche Aspekt von Lykke zum Vorschein. Es geht nicht darum, mit all Ihren Nachbarn hochwertige und tiefgründige Beziehungen zu erarbeiten (auch, wenn solch ein Fall nicht auszuschließen ist, wer weiß, vielleicht finden Sie sogar Ihren neuen besten Freund in Ihrer Nachbarschaft?), sondern eine Gemeinschaft zu bilden, von denen alle Beteiligten profitieren. Wie viel schöner ist es doch, ein nettes Lächeln und ein „Hallo!“ auf dem Hausflur entgegengebracht zu bekommen oder sich gegenseitig zu helfen, wenn auf die Katze aufgepasst oder die Blumen gegossen werden müssen, während Sie im Urlaub sind? Nicht immer ist es einfach, eine solche Gemeinschaft aufzubauen, schließlich geht es nicht nur um Ihren Willen und Ihre Absichten, sondern auch um die Bereitschaft Ihrer Nachbarn. Doch versuchen Sie mit gutem Beispiel und Enthusiasmus voran zu gehen und Sie werden erleben, wie nicht wenige Ihrer Mitmenschen und Hausbewohner sich freuen werden, mehr Gemeinschaft und auch die kleinen, aber netten Gespräche vor der Haustür oder beim Gassi gehen zu erleben. Nachfolgend finden Sie einige praktische Beispiele, mithilfe derer es möglich ist die Gemeinschaft in Ihrer Nachbarschaft zu stärken.

1. **Das Vorstellen**: Zugegeben, nicht immer ist es angenehm, von Haustür zu Haustür zu gehen und sich als den neuen (oder auch alten) Nachbarn vorzustellen. Hierbei handelt es sich jedoch um den einfachsten Weg, Ihre Mitmenschen kennenzulernen und Beziehungen aufzubauen. Ein Teller mit selbstgebackenen Keksen macht Sie natürlich noch sympathischer, wir erinnern uns: Süßigkeiten helfen uns dabei, uns hyggelig zu fühlen. Wer sich eher zu den introvertierten Menschen unserer Gesellschaft zählt, kann dieses Kennenlernen auch anders angehen. Mit einer kleinen Umfrage zum Beispiel. Fragen Sie Ihre Nachbarn nach Namen und Telefonnummern, für den Fall, dass mal ein Rohr platzt oder der Strom ausfällt. Gleichzeitig können Sie eine kleine Umfrage machen: Wer hätte Lust, beim Gassi gehen des Hundes aus dem ersten Stock zu helfen oder wer kennt sich mit Computern aus? Bieten Sie auch selbst Hilfe an. Insbesondere in größeren Wohnkomplexen hilft ein solches Vorgehen, eine Gemeinschaft zu bilden und einander besser kennen zu lernen. Auch wenn Sie nicht in einem Mehrfamilienhaus leben, sondern ein Haus für sich alleine bezogen haben, ist es möglich, die Nachbarn auf Ihrer Straße kennen zu lernen und zum Beispiel gemeinsame Straßenfeste zu feiern oder sich mit verschiedenen Hilfs-Angeboten gegenseitig zu unterstützen. Hier steckt natürlich ein wenig Arbeit dahinter, genauso wie die Steuern der Dänen auch aus dem Gehalt der Menschen geschnitten werden. Denken Sie aber immer an die Vorteile und das Lykke, welches Sie durch solch eine Gemeinschaft erleben werden.

2. **Zeigen Sie sich**: Wer in einem bofællesskaber immer nur in seinem Wohnzimmer sitzt und sich nicht blicken lässt, der wird seine Mitmenschen, trotz des genialen Wohnkonzepts nicht kennenlernen. Schnappen Sie sich also ein gutes Buch oder Ihr Notizheft und Stift und setzen Sie sich in den Vorgarten, sodass die Möglichkeit für Gespräche oder zumindest das Grüßen Ihrer Nachbarn besteht.

3. **Der gemeinsame Garten**: Wer sagt, dass ein gemeinsamer Garten nur bei bofællesskaber möglich ist? Wenn Sie in einem Wohnkomplex mit geteiltem Garten wohnen, kann es eine gute Idee sein, ein gemeinsames Gartenprojekt zu starten. Fragen Sie in Ihrer Nachbarschaft, wer Lust hätte, dabei zu helfen und Sie werden sich wundern, wie viele Menschen bereit sind und Freude daran empfinden, sich um Tomaten, Gurken oder auch nur schöne Blumen zu kümmern. Ein gemeinsames Grillen im Sommer oder der Kaffee im gemeinsamen Garten sind somit bestimmt keine Ausnahmen mehr.

4. **Werkzeug- oder Bücherleihe**: Hammer, Akku-Schrauber und Säge liegen bei Ihnen im Abstellraum und werden vielleicht zweimal im Jahr ausgepackt? Bieten Sie Ihr Werkzeug Ihren Nachbarn an. Vielleicht lässt sich sogar ein kleiner Verleih organisieren. Auch Bücher helfen uns Gemeinschaft zu bilden und so kann ein gemeinsamer Bücherschrank im Hausflur nicht nur für ein positives Miteinander, sondern vielleicht sogar für neue Freundschaften sorgen. Hängen Sie doch vielleicht einfach einmal einen Zettel in den Hausflur und fragen Sie Ihre Nachbarn, ob der Wunsch nach solchen Ausleihen besteht, mit Sicherheit werden sich die einen oder anderen Nachbarn finden, die diese Idee genauso toll finden wie Sie.

All diese Tipps sind nichts für Faule. Aber so ist das einfach. Wir müssen etwas tun um glücklich zu sein oder glücklich zu werden. Außerdem ist auch immer die Wahrscheinlichkeit gegeben, dass eine Ihrer Ideen nicht funktioniert oder von Ihren Nachbarn nicht angenommen wird. Lassen Sie sich von solchen Vorfällen jedoch nicht entmutigen, denn die Arbeit die Sie investieren, wird sich auf lange Sicht auszahlen und Sie zu einem glücklicheren und positiveren Menschen machen, so viel ist sicher!

Die Finanzen

Das Geld, beziehungsweise das Fehlen von Geld, spielt bei vielen Menschen eine große Rolle im Leben. Tatsächlich gibt es eine Korrelation zwischen unserem Einkommen und unserem Glücklichsein, jedoch nur bis zu einem bestimmten Punkt. Die US-Universität Princeton hat so zum Beispiel im Rahmen einer Studie herausgefunden, dass die Menschen glücklicher sind wenn sie über ausreichend Geld verfügen, jedoch nur bis zu einem jährlichen Betrag von 75.000 Dollar, was umgerechnet knapp 60.000€ sind.[viii] Sobald das jährliche Einkommen diesen Betrag überschreitet empfindet ein Großteil der Menschen nicht mehr Glück und Zufriedenheit, sondern mehr Stress. Gleichzeitig zeigte die Studie aber auch, dass ein (zu) geringes Einkommen den emotionalen Schmerz eines Menschen enorm steigern kann. Dies hat verschiedene Gründe. Zum Einem überschatten Geldsorgen oftmals die wichtigeren Dinge im Leben, wie die Ehe oder die Familie und können sogar dafür sorgen, dass ein Mensch krank wird. Zum anderen müssen Menschen, die am Identitätsminimum leben, in vielen Fällen einfach mehr Zeit investieren um Geld zu bekommen. Diese Zeit kann demnach nicht für die Gemeinschaft und für den Menschen selbst genutzt werden, was wiederum zum Unglücklichsein führen kann. Sie sehen also, das Thema Geld ist ein sehr komplexes Thema und spielt für jede Person eine ganz eigene und individuelle Rolle im Leben. Diese Tatsache ist auch in Dänemark nicht anders, dennoch haben die Dänen einige Tricks im Ärmel, die ihnen bewusst wie unbewusst helfen glücklich mit den Finanzen zu sein.

Die Erwartungshaltung

Die Ambitionen, die wir für verschiedene Bereiche unseres Lebens empfinden, können unseren Alltag und unsere Zukunft formen und verändern. Dabei wird zwischen den Menschen unterschieden, die sehr ambitioniert sind und große Pläne für ihr Leben haben, und den Menschen, die weniger ambitioniert sind und das Leben eher auf sich zukommen lassen und es so genießen wie es kommt. Beide Arten von Menschen haben dabei die Möglichkeit, Glück und Zufriedenheit, auch in Bezug auf die Finanzen, zu empfinden, jedoch gibt es insbesondere bei sehr ambitionierten Menschen eine große Falle, die sie unglücklich macht sobald in diese getappt wird. Diese Falle nennt sich *Hedonistische Tretmühle*[ix]. Dieser Begriff beschreibt die Tendenz von uns Menschen, schnell ein neues und stabiles Level von Glück, beziehungsweise vom Glücklichsein, zu bilden. Ein praktisches Beispiel kann die hedonistische Tretmühle gut erklären: Max Traum war es schon immer Anwalt zu werden. Auf dieses Ziel hat Max sein gesamtes Leben ausgerichtet und tut alles, um eben dieses Ziel zu erreichen und sich selbst Anwalt nennen zu können. Nach Jahren harter Arbeit hat Max dieses Ziel endlich erreicht, er ist Anwalt und erhält ein Gehalt, welches für einen Anwalt angemessen ist. Sobald Max dieses Ziel jedoch erreicht hat, hat er bereits ein neues Ziel formuliert, welches zum Beispiel die Gehaltssteigerung sein kann oder das Aufbauen der eigenen Firma. Max wird sich erst wieder glücklich fühlen, wenn er diese neuen Ziele erreicht hat. Das Streben nach immer neuen Zielen jedoch macht uns immer nur kurzfristig glücklich, insbesondere dann, wenn wir uns nicht erlauben uns auf unseren Erfolgen auszuruhen und diese zu genießen. Darüber hinaus besteht die Gefahr schnell unglücklich zu werden, wenn sich diese Ziele nicht erfüllen oder die Lebenssituation sich ändert. Wenn Max zum Beispiel, aus welchen Gründen auch immer, auf einmal nicht mehr als Anwalt arbeiten kann und auf eine Gehaltsstufe zurückrutscht, auf welcher er zuvor jahrelang überlebt hat, wird er sich mit großer Wahrscheinlichkeit sehr unglücklich fühlen. Der Grund dafür ist, dass wir unseren Lebensstandard schnell an die

Gegebenheiten anpassen und uns schnell an den Überfluss und Reichtum gewöhnen. Einen Schritt zurückgehen zu müssen stellt für viele Menschen somit ein großes Problem und großes Unglück dar.

Was machen die Dänen also wieder anders als wir? Sie haben weniger Ambitionen. Zumindest, was das Gehalt und die Finanzen angeht. In einer dänischen Umfrage wurden Menschen unterschiedlicher Gehaltsstufen gebeten einzuschätzen, wie hoch ihre Lebenszufriedenheit im Zusammenhang mit dem Einkommen zum jetzigen Zeitpunkt ist und aller Voraussicht nach in fünf Jahren sein wird. Unabhängig davon, in welcher Gehaltsstufe die Befragten sich befanden, konnte herausgefunden werden, dass die Dänen nicht darauf hoffen in fünf Jahren viel reicher zu sein und mehr Geld zu verdienen und dennoch denken, dass Sie mindestens genauso glücklich sein werden. Somit scheint ein Großteil der Dänen von der hedonistischen Tretmühle nicht allzu sehr beeinträchtigt zu sein und nicht stark von ihren Ambitionen mitgerissen ~~bestimmt~~ zu werden. Ein Punkt, um also auch glücklich im Bereich der Finanzen zu sein und das Glück der Fülle in allen Lebensbereichen zu spüren, ist die hedonistische Tretmühle zu antizipieren. Machen Sie sich bewusst, dass Ambitionen per se nichts Schlechtes sind, im Gegenteil – ohne Ambitionen wäre unser Leben auch ganz schön langweilig. Wir sollten jedoch verstehen, dass das Erreichen eines Ziels nicht bedeutet, dass wir uns direkt ein neues Projekt vornehmen müssen. Insbesondere dann, wenn dieses neue Projekt wieder darauf ausgerichtet ist, unsere Finanzen zu verbessern und uns reicher zu machen. Wie Sie bereits wissen, werden wir ab einem gewissen Kontostand einfach nicht mehr glücklicher. Investieren Sie sich stattdessen in andere Dinge: in Beziehungen, in die Nachbarschaft oder bilden Sie sich auf andere Art und Weise weiter. Genießen Sie das Erreichen Ihres Ziels und gönnen Sie sich eine Auszeit vom Stress der Ambitionen.

Sagen Sie dem Vergleich den Kampf an

Angenommen es gibt zwei verschiedene Szenarien: In Szenario Nummer Eins haben Sie ein Einkommen von 60.000€ im Jahr, während alle anderen Menschen 30.000€ jährlich verdienen. In Szenario Nummer Zwei hingegen verdienen Sie 120.000€ im Jahr, während Ihre Mitmenschen 240.000€ jährlich verdienen. Für welches Szenario würden Sie sich entscheiden?

Ein Großteil der Menschen würde tatsächlich das erste Szenario auswählen. Dies erscheint zunächst etwas widersprüchlich, schließlich könnten sie im zweiten Szenario mit doppelt so viel Geld leben. Das Auswahlkriterium für diese zwei Szenarien liegt jedoch nicht bei dem Einkommen, sondern bei dem Vergleich des eigenen Einkommens mit dem Einkommen der Mitmenschen. Es geht uns oftmals nicht darum, ausreichend Geld zu besitzen oder über noch mehr Finanzen zu verfügen, sondern darum, einen besseren Stand in der Gesellschaft zu haben als unsere Mitmenschen. Dies ist unter anderem auch der Grund wieso es immer wieder vorkommt, dass Menschen über ihre Verhältnisse leben. Wir wollen nach außen hin ein gewisses Bild abgeben und wenn nicht genügend Einkommen vorhanden ist muss halt der Kredit aufgenommen werden, um das Bild zu wahren. Dass ein solches Leben nur unglücklich machen kann, können Sie mit großer Wahrscheinlichkeit nachvollziehen. Wie also machen wir uns frei von solch einer Denkweise? Hören Sie auf sich zu vergleichen und machen Sie sich bewusst, dass der Schein nach außen nicht immer das ist, was er versucht, zu sein. Konzentrieren Sie sich auf Ihre eigenen Finanzen und beurteilen Sie, ob Sie glücklich mit diesen sind. Genügt Ihr Geld um rundum glücklich zu leben oder würde Sie ein Urlaub mehr im Jahr doch freuen? Setzen Sie sich Ziele, die Sie erreichen können und machen Sie diese Ziele nicht von dem Erfolg und den Finanzen anderer (insbesondere von Promis und Unternehmern) abhängig. Das Geld spielt im Leben vieler Menschen eine viel zu große Rolle und macht schlussendlich unglücklich. Sehen Sie das Geld als etwas Notwendiges aber dennoch nicht Wichtiges an.

Janteloven – das Gesetz von Jante

Im Jahr 1933 brachte der dänisch-norwegische Autor Aksel Sandemoses einen Roman namens „Ein Flüchtling kreuzt seine Spur“ heraus, welcher sich schnell als eine Art Verhaltenskodex für die skandinavische Bevölkerung entpuppte. In diesem Buch geht es um die Geschichte eines heranreifenden Jungen, der in der Stadt Jante lebt, unter starken Druck gesetzt wird, sich anzupassen. Die schlussendliche Aussage dieses Buches lautet: „Du bist nicht besser als wir.“ - bestimmte Personen sind nicht besser als andere Personen, nur weil sie über mehr Reichtum oder mehr Statussymbole verfügen. Tatsächlich ist dieses Schriftwerk und die Moral aus der Geschichte zu einer Art gesellschaftliche Spielregel für viele Skandinavier geworden. Dies ist der Grund, wieso Sie in Dänemark, Schweden und Co. eher selten protzige Autos oder andere Statussymbole sehen werden. Es geht nicht darum, dass die Menschen ihren Reichtum nicht genießen dürfen oder sollten. Vielmehr ist das Hauptargument, dass es keinen Sinn hat diesen Reichtum nach außen zu tragen und damit anzugeben, denn welcher Zweck könnte damit erfüllt werden? Schlussendlich geht es beim Protzen doch nur darum, sich besser zu fühlen und andere Menschen neidisch zu machen und das ist etwas, was die Dänen gar nicht gerne tun.

Die Trennung von Wohlergehen und Reichtum

„Reich ist nicht, wer viele Dinge besitzt, sondern wer wenige Dinge will.“ – Epictetus (griechischer Philosoph)

Eine gute Lebensqualität muss nicht viel Geld verlangen. Im Gegenteil: Insbesondere die kostenfreien Dinge im Leben sind es doch, die uns glücklich machen, allein schon, weil wir uns keine Sorgen um das ausgegebene Geld machen müssen, oder nicht?

Angenommen Sie würden Ihren Job verlieren und auch die Ersparnisse würden sich dem Ende entgegen neigen, gäbe es nicht dennoch Dinge, die Sie glücklich machen? Was wir verstehen müssen – und was viele Dänen bereits verstanden haben – ist, dass wir auch ohne Reichtum und einen Überschuss an Geld glücklich sein können. Der Spaziergang im Wald, das Gespräch mit Freunden oder auch das gute Buch, was wir verschlingen, all dies macht uns glücklich, ohne eine Menge zu kosten. Wir arbeiten um Geld zu verdienen, um dieses schlussendlich wieder für Dinge auszugeben, die uns zwar einen kurzen Moment des Glücks schenken, mehr aber auch nicht. Gleichzeitig gibt es jedoch viele Dinge, die uns kostenfrei glücklich machen. Genau diese Tatsache sollte uns immer bewusst sein. Versuchen Sie doch einmal einen Monat, ein halbes Jahr oder sogar ein ganzes Jahr lang nur das zu kaufen, was Sie wirklich benötigen. Das bedeutet, dass in der Zeit nicht auswärts essen gegangen wird und auch die neue Tasche wird erst einmal nicht gekauft. Auch der Urlaub auf dem Kreuzfahrtschiff bleibt aus. Glauben Sie, dass Sie trotzdem glücklich sein können? Die Dänen sagen ganz klar: Ja, es geht! Statt sich Ihr Glück zu kaufen werden Sie entdecken, dass auch kostenfreie und vielleicht sogar selbstverständliche Dinge Sie glücklich machen können. Vielleicht werden Sie sogar etwas abenteuerlustig und probieren neue Dinge aus, die Sie schlussendlich mit tollen Erinnerungen noch glücklicher machen können. Wir müssen beginnen zu verstehen, dass unser Wohlbefinden zwar bis zu einem bestimmten Punkt von unseren Finanzen abhängig ist, danach jedoch nur von uns selbst kreiert ~~werden~~ und nicht künstlich erkauft werden kann. Nachfolgend werden Ihnen ~~ein~~ drei Tipps genannt, welche Ihnen auf eine günstige Art und Weise zu mehr Glück im Leben verhelfen können:

1. **Schnappen Sie sich ein Buch**: Lesen kostet (fast) nichts und kann uns dennoch glücklich machen. Machen Sie also eine Pause und schnappen Sie sich ein Buch aus Ihrer Nachbarschafts-Bücherei oder der Bücherei Ihrer Stadt und genießen Sie die Ruhe.

2. **Schreiben Sie auf, was Sie glücklich macht**: Notieren Sie einen bestimmten Zeitraum lang, wodurch Sie Glück empfinden und was Ihnen Freude bereitet – der Sonnenaufgang auf dem Weg zur Arbeit, das freundliche Lächeln des Bäckers oder der Kuchen, der Zuhause auf Sie wartet – Sie werden überrascht sein, wie günstig der Preis für Ihre täglichen Freuden ist.

3. **Kaufen Sie Erinnerungen – keine Dinge**: Vielleicht können Sie sich noch an die Wünsche erinnern, die Sie als Kind zu Weihnachten hatten. Das Spielzeugauto, die Puppe oder das Springseil – besitzen Sie noch irgendetwas von diesen Gegenständen? Während unsere materiellen Wünsche schnell befriedigt sind und oftmals ebenso schnell wieder im Müll landen oder weiter verschenkt werden, sind es doch die Dinge, die wir mit guten Erinnerungen in Verbindung bringen, die auch heute noch in unserem Leben sind. Haben Sie zum Beispiel ein Kuscheltier zur Geburt oder zur Taufe geschenkt bekommen und das Plüschtier bereits als Kind ins Herz geschlossen und überall mit hingenommen? Dann ist die Wahrscheinlichkeit groß, dass Sie diesen plüschigen Gefährten vielleicht heute noch, zumindest noch auf dem einen oder anderen Foto, in Ihrem Leben haben. Ebenso funktioniert dies mit Dingen, die wir mit positiven und glücklich Erinnerungen in Verbindung bringen. Die Postkarte, die Sie günstig im Urlaub erstanden haben oder auch nur ein Foto von Ihrem letzten Spieleabend – ein Blick auf diese Dinge lässt schöne Erinnerungen wach werden und kann Sie somit auf lange Sicht glücklicher machen, als eine neue Uhr oder das neue Auto es könnten.

Die Gesundheit

Bestimmt haben Sie schon einmal von dem TV-Drama „Breaking Bad“ gehört. In dieser Serie erhält ein Chemie-Lehrer die Diagnose Krebs und fühlt sich gezwungen, seine Behandlung und die Rechnungen vom Krankenhaus mithilfe der Herstellung und des Verkaufs von Drogen zu bezahlen. Das Konzept dieser Serie würde bei uns überhaupt nicht funktionieren. Ebenso auch nicht in Dänemark, denn auch dort gibt es eine gesetzliche Krankenversicherung, die den Großteil aller Behandlungskosten im Falle einer Erkrankung oder eines Unfalls abdeckt. In den USA hingegen stellt das Gesundheitswesen für einen Großteil der Bevölkerung ein Problem dar. Allein die Fahrt mit einem Krankenwagen nach einem Unfall leert das Portemonnaie, insbesondere dann, wenn der Erkrankte nicht einmal über seinen Arbeitgeber versichert ist. Auch wenn unser hochwertiges Gesundheitswesen mehr oder weniger selbstverständlich für uns ist, trägt es doch wieder zu unserer Gesundheit bei. Der Grund liegt in der Tatsache, dass unsere Gesundheit mit unserem Glücklichsein zusammenhängt und umgekehrt. Dass eine erkrankte Person in der Regel weniger glücklich ist als eine gesunde Person, ist dabei noch relativ verständlich. Was jedoch immer wieder außer Acht gelassen wird ist, dass eine unglückliche Person eher dazu neigt zu erkranken. Nicht nur an einer leichten Erkältung oder Grippe, sondern auch an schwerwiegenderen Erkrankungen wie Krebs. Nun dürfte angenommen werden, dass eine Erkrankung, unabhängig davon wie glücklich oder unglücklich der Mensch zuvor mit seinem Leben war, zu einer Art Teufelskreislauf führen kann, der den Patienten immer unglücklicher macht. In den USA zum Beispiel ist es sehr naheliegend, dass ein Patient, welcher gerade eine dicke Rechnung über seine Behandlungen vorgelegt bekommen hat, noch unglücklicher wird, was seiner Genesung nicht unbedingt zugutekommt. In Dänemark, wie auch in den meisten Ländern Europas jedoch, muss eine erkrankte Person sich in der Regel wenig mit den Kosten der Behandlung auseinandersetzen.

Hierfür gibt es die Krankenkassen, in die gemeinschaftlich eingezahlt wird. Ein Mensch, der nie erkrankt, profitiert somit weniger von seinen Beiträgen und finanziert gleichzeitig die Behandlung anderer Menschen mit. Wie bereits zum Thema der Steuern in Dänemark angemerkt wurde ist das für die Dänen überhaupt keine negative Regelung. Schlussendlich ist jeder einzelne so immer abgesichert, auch wenn er bis dato immer gesund und munter war. Demnach trägt das Gesundheitswesen des Landes, in dem ein Mensch lebt, einen Großteil zum Glück oder Unglück des jeweiligen Menschen bei. Wir dürfen uns glücklich schätzen, wenn wir uns im Falle einer schwerwiegenden Erkrankung nicht auch noch mit unseren Finanzen auseinandersetzen müssen. Der Stress und die Angst, die durch solch hohe Kosten ausgelöst werden können, tun der Gesundheit und der Genesung schlussendlich nämlich einfach nicht gut. So viel zum wichtigsten Punkt, wieso auch die Gesundheit eines Menschen sein Glücklichsein bestimmen kann und umgekehrt. Selbstverständlich können wir, sollten wir in einem Land leben in welchem die Gegebenheiten nicht so toll sind wie in Dänemark, diesen Zustand nicht einfach ändern. Machen Sie sich aber bewusst von was für einem Vorteil Sie profitieren, selbst wenn Sie nicht an schweren Erkrankungen leiden: Die Zuversicht, dass die Kosten in einem Krankheitsfall (größtenteils) übernommen werden und der Patient auch in der Zukunft abgesichert ist und seinen Lebensstandard halten könnte, trägt auch schon einen großen Teil dazu bei, dass wir stressfreier und somit gesünder leben.

So gesund leben die Dänen

Wenn wir davon ausgehen, dass gesunde Menschen eine höhere Lebenserwartung haben, dann ist die Schlussfolgerung, dass die Dänen besonders alt werden, naheliegend – aber nicht richtig. Tatsächlich hat die Weltgesundheitsorganisation im Jahr 2012 eine Übersicht erstellt, in der nicht Dänemark an der Spitze der höchsten Lebenserwartung stand, sondern Japan. Stattdessen befindet sich Dänemark auf dem 16. Platz dieses Rankings und liegt nur knapp vor den USA. Wie genau lässt sich dieser Zustand erklären, wo doch gerade noch davon berichtet wurde, dass das Gesundheitssystem der USA im Vergleich zum dänischen Gesundheitssystem ein viel größeres Potential aufweist, die Menschen unglücklich und somit auch schneller krank zu machen?

Tatsächlich wird vermutet, dass die niedrigere Lebenserwartung der Dänen im Zusammenhang mit Hygge steht. Wie Sie bereits wissen, darf bei Hygge gerne und viel genascht und gegessen werden. Die Dänen lieben Ihre süßen Backwaren, ihr Lakritz und auch deftige Gerichte mit viel Fleisch. Darüber hinaus ist der Däne, insbesondere bei hyggeligen Momenten, nicht abgeneigt, das eine oder andere alkoholische Getränk oder auch eine Menge Kaffee zu trinken. Wie Sie sich bestimmt vorstellen können trägt ein solcher Lebensstil nicht unbedingt zu einem gesunden Körper bei – er hilft jedoch zu einem glücklichen Körper und Selbst. Darüber hinaus sind die Dänen sehr begabt darin, den Konsum von ungesunden Lebensmitteln mit ihrer Bewegung auszugleichen. Zwar ist nicht jeder Däne der skandinavische Langstrecken-Skiläufer schlechthin, jedoch besteht allein der Arbeitsweg für fast die Hälfte aller Dänen aus einer kleinen Fahrrad-Tour. Ähnlich wie wir es aus den Niederlanden immer wieder mitbekommen, präferieren auch die Dänen den Weg zur Arbeit auf zwei Rädern zu verbringen und das liegt nicht nur an der hohen KFZ-Steuer in diesem Land. Die Regierung Dänemarks legt viel Wert darauf insbesondere die Großstädte fahrradfreundlich zu gestalten. Das bedeutet, dass es gute und sichere Radwege gibt; Mülleimer, in die der leere Coffee-to-go-Becher während der Fahrt mit dem Rad hineingeworfen werden kann und sogar kleine Stufen an den Ampeln, welche helfen, dass der Fahrer auf seinem Fahrrad sitzen bleiben kann, während er auf das grüne Licht wartet. Im Winter werden übrigens sogar die Radwege von Schnee und Eis befreit. Somit sorgt die Regierung Dänemarks dafür, dass das Fahrradfahren zur Arbeit als deutlich attraktiver angesehen wird als die Fahrt mit dem Auto. Schlussendlich werden hier mehrere Fliegen mit einer Klappe geschlagen: Die Umwelt und die Luft in den Städten wird geschont, der Däne hat weniger Stress, wenn es um die Suche nach Parkplätzen geht, die Kosten für die Privatpersonen sinken, weil weder KFZ-Steuer noch Benzin bezahlt werden müssen und ein Großteil der Bevölkerung bewegt sich täglich auf seinem Rad und somit deutlich mehr, als es sonst der Fall wäre. Somit gibt allein die Fahrt auf dem Fahrrad zur Arbeit hin und zurück dem Dänen einen guten Ausgleich zum Kuchen und Gebäck, welches am Wochenende beim Hyggeln verspeist wird.

Der öffentliche Personennahverkehr der Dänen

Die dänische Regierung legt nicht nur hohen Wert auf gut ausgebaute Fahrradwege, sondern auch auf den öffentlichen Personennahverkehr. Tatsächlich ist der ÖPNV in Dänemark sehr gut ausgebaut, Busse und Bahnen sind zuverlässig und pünktlich. Darüber hinaus sind auch die Ticketpreise für die Fahrt von A nach B mehr als erschwinglich für die dänische Bevölkerung. Dieser gut ausgebaute ÖPNV ist nicht nur für den Tourismus ein großes Plus, sondern erweist sich auch als Vorteil für die Dänen selbst. So legen viele Dänen den Weg zur Arbeit nicht mit dem Auto zurück, sondern steigen einfach in den Bus oder in die Bahn. Für den Weg zur Haltestelle hingegen wird nicht das Auto genutzt, sondern auf das bewährte Fahrrad gesetzt oder ganz einfach zu Fuß gegangen. Somit trägt tatsächlich auch der öffentliche Personennahverkehr Dänemarks dazu bei, dass die Bevölkerung sich mehr bewegt. Dabei sehen die Dänen diese Art der Bewegung nicht unbedingt als tägliches Sportprogramm an, sondern eher als Mittel zum Zweck – als Transportation (auf den eigenen zwei Beinen) zur Arbeit und wieder nach Hause.

Der Weg zur Arbeit und nach Hause, den wir in der Woche mehrmals täglich auf uns nehmen, ist tatsächlich ein Grund für das Lykke der Dänen. Wer sich regelmäßig bewegt, dabei muss es nicht das anstrengende Sportprogramm sein, profitiert automatisch von einem gesünderen Körper und somit von einem glücklicheren Selbst. Wir leben in einer Gesellschaft, in der es viel darum geht, still zu sitzen. Der Job im Büro, welcher am Schreibtisch verbracht wird, der Weg mit dem Auto, in dem ebenfalls nur gesessen wird, der Aufzug, die Rolltreppe, die Türen, die sich automatisch öffnen – unser Leben ist darauf ausgerichtet, möglichst bequem zu sein und uns (körperliche) Arbeit zu ersparen. Dabei ist es genau diese alltägliche Bewegung, die uns glücklicher macht. Gehen Sie in Ihrer Mittagspause doch einfach eine Runde spazieren anstatt das Butterbrot am Schreibtisch zu essen und nicht einmal vom Stuhl aufzustehen oder fangen Sie nach Möglichkeit, an, den Weg zur Arbeit zu laufen oder mit dem Fahrrad zu fahren. Vielleicht kommen Sie auf dem Weg bei einem schönen Garten vorbei oder haben die Möglichkeit, den Sonnenaufgang oder -untergang zu betrachten. Entdecken Sie die Schönheit in Ihrer Umgebung, die sich aus einem schnellen Auto nicht immer wertschätzen lässt. Wer jedoch läuft oder Fahrrad fährt und einfach anhalten kann, der wird merken wie eine schöne Blume, die rosa Dämmerung oder auch die Kuh auf der Weide die Laune deutlich verbessern kann. Nicht immer ist uns dies möglich, dennoch gibt es die verschiedensten Bereiche, in denen wir uns mehr bewegen können. Das kann auch schon die Treppe sein, die genommen wird, anstatt einen Knopf im Aufzug zu drücken. Sie müssen nicht von heute auf morgen zur Sportskanone werden, jedoch kann schon ein Pünktchen mehr Bewegung im Leben uns glücklicher und ausgeglichener machen und gleichzeitig positiv zu unserer Gesundheit beitragen.

Die psychische Gesundheit der Dänen

Bei der Betrachtung unserer Gesundheit im Zusammenhang mit unserem Glück oder Unglück darf natürlich auch die psychische Gesundheit nicht außer Acht gelassen werden, denn diese trägt einen großen Teil zu unserem Wohlergehen bei. Auch hier gilt Dänemark als Vorreiter, denn die Regierung Dänemarks investiert eine Menge in die Prävention und Behandlung psychischer Krankheiten. So gibt es zum Beispiel, als Teil der Krankenhäuser Dänemarks, eine Notaufnahme für Menschen mit psychischen Krankheiten oder für Personen, die sich in einer akuten psychischen Krise befinden. Während psychisch-kranke Menschen in anderen Ländern teilweise wochen- bis monatelang auf einen Therapieplatz, beziehungsweise das erste Vorstellungsgespräch bei einem Therapeuten, warten müssen und die Kostenabwicklung alles andere als einfach ist, haben die Dänen somit immer eine direkte Anlaufstelle. Diese Einrichtung und Investition ist mitunter der Grund dafür, dass die Suizidrate in Dänemark um 60 Prozent gesunken ist.[x] Nicht nur das, auch das Stigma, welches psychische Erkrankungen behängt, gibt es in Dänemark so gut wie gar nicht. Das liegt unter anderem daran, dass im Jahr 2011 eine Kampagne gebildet wurde mit dem Namen „One of Us". Dänische Autoren, Models und auch Film-Regisseure nahmen bei dieser Kampagne teil und berichteten über eigene psychische Erkrankungen. Die Themen „Depression" und „Burnout" sind in Dänemark also lange keine Tabu-Themen mehr und werden als ernstzunehmende Krankheiten betrachtet.

Zwar stellt das dänische Gesundheitssystem mit seinen hochwertigen Programmen für psychische Krankheiten wieder eine Sache dar, die wir in unserer Gesellschaft nicht einfach mal eben ändern können, jedoch gibt es eine Sache, die wir den Dänen nachmachen können: Wir können über die psychische Gesundheit reden und das Thema nicht weiter unter den Teppich kehren. Dies tun die Dänen nämlich auch, unter anderem mit ihren Hygge-Freunden und der Familie. Fragen Sie bei Ihren Liebsten nach, wie es ihnen *wirklich* geht und erzählen Sie ehrlich und ernsthaft, wenn auch Sie durch schwierige Zeiten gehen und von psychischen Problemen geplagt sind. Solche Veränderungen beginnen im Kleinen und können schlussendlich Großes bewirken. Scheuen Sie sich also nicht, die ernsten Dinge anzusprechen, denn auch dies trägt zu einer guten Gesundheit und einem hochwertigen Glücklichsein bei.

Die Freiheit

Dem *Human Freedom Index* zufolge lag Dänemark im Jahr 2020 auf dem vierten Platz der Länder, dessen Bewohner als am freiesten gelten. Diese Freiheit, die untersucht wurde, beinhaltet dabei nicht nur die Pressefreiheit oder die Freiheit der eigenen Meinung, sondern auch die Freiheit zu heiraten, wen man möchte. Schlussendlich setzt sich dieser Index aus über 70 verschiedenen Faktoren zusammen, die definieren, wie frei sich ein Mensch fühlt und auch tatsächlich ist – oder eben nicht. Demnach ist die Zeit das wichtigste Kriterium für unsere Freiheit. Haben wir keine Zeit, so werden wir diese auch nicht für Dinge einsetzen, die uns das Gefühl von Freiheit geben. Wer über zu wenig Zeit verfügt, verfügt automatisch auch über zu wenig Freiheit. Nachfolgend werden drei Aspekte betrachtet, die das Leben der Dänen noch freier gestalten und sie somit noch glücklicher machen.

Die Balance der Dänen zwischen Arbeit und Freizeit

Wer in Dänemark um 18:00 Uhr noch im Büro am Schreibtisch sitzt, der wird von seinen Kollegen, sollte der Fall eintreten dass tatsächlich noch weitere Kollegen vor Ort sind, mit großer Sicherheit schräg von der Seite angeguckt. In Dänemark ist es nämlich vollkommen normal den Arbeitstag im Büro, beziehungsweise in den meisten Berufen, die nach einem „nine to five"-Schema arbeiten, um 16:00 Uhr oder spätestens 17:00 Uhr zu beenden und nach Hause zu radeln oder zu laufen. Hierfür braucht es keine Ausrede und keinen Grund – der Arbeitstag ist beendet und der Mitarbeiter fährt nach Hause zu seiner Familie, mit welcher er nun den Abend verbringen kann. Tatsächlich liegt der Durchschnitt der wöchentlichen Arbeitsstunden der Dänen weit unter dem Gesamtdurchschnitt. Nicht nur das, ein Großteil der Dänen kann seine Arbeitsstunden auch noch sehr flexibel gestalten. Das Homeoffice oder die freie Wahl des Zeitpunkts, zu dem gearbeitet wird, sind in dänischen Berufen Gang und Gebe. Hier wird mehr Wert darauf gelegt, dass Deadlines eingehalten, eine gute Arbeit geleistet und pünktlich zu offiziellen Meetings erschienen wird. Es wird noch besser: In Dänemark ist es gesetzlich vorgegeben, dass jedem Arbeitnehmer mindestens fünf Wochen Urlaub im Jahr zustehen. Auch wer als Arbeitnehmer eine Familie gründen möchte, der wird von der dänischen Regierung nicht allein gelassen. So erhalten Eltern 52 Wochen lang bezahlten Elternurlaub, welcher sich nach Belieben auf einen oder beide Elternteile aufteilen lässt.

Die Freiheit, sein eigener Chef zu sein

Auch dieser Aspekt der Freiheit der Dänen lässt sich wieder auf die Arbeit zurückführen. So gab es seit einigen Jahren einen Aufschwung im Bereich der freiberuflichen Tätigkeiten. Wie Sie bereits lesen durften, ist das Homeoffice in Dänemark bereits etabliert. Freiberuflich zu arbeiten bedeutet sogar noch einen weiteren Schritt in die flexible Arbeit von Zuhause aus. Zwar hat das freiberufliche Arbeiten auch seine Nachteile, zum Beispiel dass die gearbeiteten Stunden und auch die Bezahlung nicht zwingend besser sind als in einem geregelten Arbeitnehmer-Arbeitgeber-Verhältnis, jedoch konnte inzwischen nachgewiesen werden, dass freiberuflich arbeitende Menschen glücklicher sind als Menschen, die Ihre Woche im Büro verbringen.

Die Gründe hierfür sind vielfältig. Einerseits muss der Weg zur Arbeit gar nicht erst auf sich genommen werden, denn wer von Zuhause arbeitet, der muss schlussendlich nur den Weg an den Schreibtisch finden. Andererseits verspüren Freiberufler weniger Druck und Kontrolle von ihrem Arbeitgeber. Die tägliche E-Mail mit der Frage nach dem Stand der Dinge oder der Anruf, weil eben schnell noch etwas gemacht werden soll, gibt es einfach nicht und darüber hinaus können die Stunden, die gearbeitet werden sollen oder müssen, flexibel gestaltet werden. Dieses Vorgehen eignet sich nicht nur besonders gut für Eltern von Kindern, denn es ist überhaupt kein Problem kurz eine halbstündige Pause zu legen und den Nachwuchs vom Kindergarten abzuholen, sondern erlaubt es den Menschen auch, ihre Arbeitszeiten flexibel auf sich selbst einzustellen. Wer so zum Beispiel eine wahre Nachteule ist hat die Freiheit, auch einfach nachts zu arbeiten. Wer hingegen in den frühen Morgenstunden am produktivsten ist, der kann seine Arbeitszeiten einfach in diese legen und früher am Nachmittag seinen Feierabend einläuten. In Dänemark wird momentan von einer Art Freelance-Revolution gesprochen, denn immer mehr Firmen steigen auf diesen Zug mit auf, während gleichzeitig immer mehr Menschen von den Vorteilen dieser Arbeitsweise profitieren.

Die Freiheit, zu sein, wer ich bin

Ein weiterer und sehr wichtiger Aspekt für die Freiheit in Dänemark ist die Freiheit der Sexualität. Dänemark gilt als eine Art Vorreiter in Sachen Toleranz. So gibt es seit mehreren Jahrzehnten bereits Initiativen, die die LGBTQ-Community unterstützen und sich gegen die Diskriminierung dieser engagieren. Tatsächlich handelt es sich bei Dänemark um das weltweit erste Land, welches die Ehe für gleichgeschlechtliche Paare möglich machte. Dies ist mitunter der Grund wieso die bunte Szene, insbesondere in den Großstädten Dänemarks, immer weiter gewachsen ist und heute nicht nur Touristen begeistert, sondern auch von den Dänen selbst als Vorteil ihrer Gesellschaft wahrgenommen wird.

Dänemark kann als ein Land betrachtet werden, in welchem die traditionellen Rollenverteilungen im Beruf und in der Familie aufgebrochen wurden. Auch in der dänischen Familienpolitik lässt sich diese Tatsache bemerken, denn bereits in der staatlichen Kindererziehung wird ein hoher Wert auf die Gleichstellung der Geschlechter gelegt. Die Dänen können sein wer sie sind und machen was sie möchten und sich dabei sicher sein, dass ihre Regierung sie in diesen Entwicklungen unterstützt. In Dänemark muss demnach niemand Angst haben diskriminiert zu werden und auch der Wunsch nach einer Familie schließt einen hochwertigen Beruf nicht unbedingt aus.

So können Sie sich freie Zeit schaffen

Natürlich können wir nicht unsere gesamte Gesellschaft auf den Kopf stellen und von heute auf morgen nur noch im Homeoffice arbeiten, solche Veränderungen benötigen Zeit. Die Dänen haben aber auch noch einige weitere Asse im Ärmel, mit denen sie sich immer wieder ein extra Pünktchen Zeit verschaffen, die mit Hyggeln oder anderen wohltuenden Dingen verbracht werden kann:

1. **Nutzen Sie jede Minute**: Vielleicht kennen Sie die fünf Minuten Nichts-Tun, bevor Sie endlich ins Auto steigen, um zu Termin X zu fahren. Anstatt gelangweilt auf dem Sofa zu sitzen können Sie diese paar Minuten nutzen, um etwas für sich zu tun. Es empfiehlt sich, diese Aktivitäten vorab zu planen. Was halten Sie zum Beispiel davon ein Kapitel Ihres Buches zu lesen oder fünf Minuten zu nutzen, um eine neue Sprache via App zu lernen? Werden Sie kreativ und lassen Sie ungenutzte Zeit nicht einfach verstreichen.

2. **Doppelte Portionen kochen**: Das Kochen der alltäglichen Mahlzeiten kann schon einmal eine Menge Zeit in Anspruch nehmen. Kochen Sie doch einfach mal zwei Portionen, damit Sie am nächsten Tag die Zeit, die Sie für das Kochen verwenden würden, für andere Dinge freihaben.

3. **Multi-Tasken**: Sie möchten unbedingt noch eine Runde im Wald spazieren gehen, aber andererseits würden Sie sich auch gerne mit Ihrer Schwester treffen, um eine Runde zu quatschen – wieso verbinden Sie diese Aktivitäten nicht? So haben Sie nicht nur Zeit gespart, Sie haben auch Ihrer Schwester etwas Gutes getan.

4. **Setzen Sie sich Limits**: Setzen Sie sich Punkte am Tag, bis zu welchen Sie bestimmte Dinge erledigt haben möchten. Wer unter „Zeitdruck" arbeitet, arbeitet in der Regel nämlich effektiver. Anstatt das Spülmaschinen-Aufräumen also den ganzen Tag aufzuschieben sollten Sie einen Zeitpunkt festlegen, zu dem diese Tätigkeit allerspätestens ausgeführt wird.

5. **Vermeiden Sie Ablenkungen**: Kurz im Social Media-Account surfen oder eben schnell das Video schauen – all diese Dinge lenken uns ab und rauben uns Zeit. Legen Sie das Handy also getrost in die Schublade und konzentrieren Sie sich auf die wichtigeren Dinge im Leben. So schaffen Sie mehr und haben automatisch mehr freie Zeit, die Sie natürlich mit dem Surfen im Internet verbringen können.

Das Vertrauen

Wem vertrauen Sie? In der Regel vertrauen wir unseren Familienmitgliedern und unseren Freunden. Vertrauen Fremden gegenüber hingegen ist oftmals nur schwierig zu finden – nicht so in Dänemark. In Dänemark profitiert die Bevölkerung von einem Vertrauen, das von Anthropologen als *generelles soziales Vertrauen* bezeichnet wird. Dieses Vertrauen macht sich in der gesamten dänischen Gesellschaft breit und ist nicht nur als Vertrauen in die Regierung, in die Polizei oder in das Gesundheitssystem vorzufinden, sondern auch als Vertrauen den dänischen Landsmännern und -frauen gegenüber. Somit ist es nicht abwegig, dass eine Reihe unabgeschlossener Fahrräder vor dem Supermarkt zu sehen ist und wer beim Bäcker sein Geld vergessen hat kann seine Schulden oftmals einfach am nächsten Tag begleichen, ohne Vertrag und ohne Schuldschein.

Der Grund für dieses Vertrauen in Dänemark hat mehrere Faktoren. Der mitunter größte dürfte dabei die geografische Lage Dänemarks sein. So galt insbesondere die nordische Region Europas als sehr friedlich – hier gab es weniger Kriege und weniger blutige Revolutionen als in anderen Ländern des Kontinents. Die Stabilität, die durch diese Tatsache entstand, bildete die Grundlage für das politische und gesellschaftliche System und das Vertrauen Dänemarks. Darüber hinaus ist Vertrauen etwas, was wir erlernen. Wer in seiner Kindheit bereits gelernt hat, seinen Eltern, seinen Lehrern und anderen Menschen zu vertrauen, der wird dieses Vertrauen sein Leben lang fühlen und an weitere Generationen weitergeben.

Vertrauen in der Schule

Da Vertrauen bereits sehr früh gebildet wird und nicht nur die Eltern ihren Kindern Vertrauen, ist auch die Schule ein wichtiger Lehrer in Sachen vertrauen. Lange Zeit gab es zum Beispiel in dänischen Schulen eine Unterrichtsstunde, die sich „Klassenstunde“ nannte. In dieser Schulstunde saß die Klasse zusammen und konnte gemeinsam über verschiedene Themen diskutieren. Den Schülern steht es in solch einer Zeit frei, Fragen zu beliebigen Themen zu stellen aber auch Themen, wie die Planung des nächsten Ausflugs auf Basis des Geldes der Klassenkasse zu diskutieren. Dabei wird die Vielfalt der Schüler nicht außer Acht gelassen – profitieren alle Beteiligten von diesem Ausflug oder gibt es jemanden, der dadurch benachteiligt wird?

In dänischen Schulen wird also nicht nur Mathe und Kunst unterrichtet, auch Vertrauen und Empathie sind ein großes Thema. Tatsächlich konnte eine Studie 2015 nachweisen, dass eine größere Empathie bei den Schülern das Mobbing in den Schulen stark reduzieren konnte. Auch die Tatsache, dass die gemeinsame Arbeit in dänischen Schulen stark gefördert wird, trägt stark zum Vertrauen und einem wohlwollenden Miteinander bei. Das bedeutet nicht automatisch, dass das dänische Schulsystem das beste auf der Welt ist, jedoch zeigt es, wie das Erlernen von Vertrauen und Empathie, insbesondere im Kindesalter nachhaltige Wirkungen hat und sich auch im Erwachsenenleben dieser Menschen bemerkbar macht.

Von Helikoptermüttern in Dänemark

Wie wurden Sie erzogen? Waren Ihre Eltern oder Erziehungsberechtigten eher streng oder wurden Sie locker erzogen? Welche Ziele verfolgten Ihre Eltern für Sie als Kind? Heutzutage ist es immer normaler, dass Eltern ihre Kinder stark fördern möchten.

Dies geschieht durch eine Ausbildung in einem klassischen Musikinstrument, durch Tanzunterricht oder auch durch die Teilnahme an Schönheitswettbewerben für Kinder. Spaßeshalber werden die Mütter (oder Väter), die ihre Kinder enorm fördern und dabei auch enorm unter Kontrolle haben, *Helikoptermütter* oder *Helikoptereltern* genannt. Dieser Begriff beschreibt die Eltern, die wie ein Helikopter um ihre Kinder fliegen und auf jegliche Stolperfallen, Chancen oder Ablenkungen achten. Tatsächlich werden Sie nicht viele Helikoptereltern in Dänemark vorfinden.

Tatsächlich legten zwei Autorinnen, Jessica Joelle Alexander (eine amerikanische Kolumnistin, die mit einem Dänen verheiratet ist) und Iben Dissing Sandahl (Psychotherapeutin und Familienberatern) sechs Prinzipien fest, die in der Kindererziehung der Dänen immer wieder angewendet werden und dafür sorgen, dass der Nachwuchs Dänemarks eine glückliche und sorgenfreie Kindheit erleben:

Das gute Spiel: Dieses Prinzip besagt, dass Kinder gut und frei spielen dürfen. Eine Regeländerung ist hiermit kein Problem und der Kreativität sind keine Grenzen gesetzt.

Die Lernorientierung: Kinder orientieren sich, insbesondere in den ersten Lebensjahren, stark an ihren Eltern. Deswegen ist die Authentizität der Elternteile besonders wichtig, denn emotionale Ehrlichkeit und Aufrichtigkeit können von Kindern nur richtig erlernt werden, wenn sie hochwertige und authentische Beispiele sehen können.

Das Umdenken: Der Spruch „Es gibt kein schlechtes Wetter, nur schlechte Kleidung.“ bezeichnet den realistischen Optimismus der Dänen sehr gut und lässt sich auch in der Kindeserziehung erkennen. So sollen Kinder gemeinsam mit ihren Eltern lernen, Situationen umzudeuten und das Positive in den Dingen zu sehen, selbst wenn diese zunächst negativ aussehen sollten.

Die Empathie: In diesem Ratgeber haben Sie diesen Begriff schon häufiger lesen dürfen. Empathie in der Erziehung der Kinder bedeutet vor allem, die Gefühle der Kinder und anderer Personen zu erkennen, jedoch nicht zu werten. Auch dieses Erkennen und Nicht-Werten lernen Kinder ganz einfach, indem sie das Verhalten bei ihren Eltern beobachten und kopieren.

Cool bleiben: Der Bäcker ist voll und für den Kinderwagen ist kein Platz? Dann bleibt dieser, mitsamt dem schlafenden Baby, einfach vor der Ladentüre, im Sichtfeld der Eltern stehen. Nicht nur in dieser Hinsicht gelten dänische Eltern als cool beziehungsweise entspannt. Auch in der alltäglichen Erziehung vermeiden dänische Eltern Machtspiele mit ihren Kindern und versuchen, ihren Nachwuchs mit beidseitigem Respekt zu erziehen.

Das Hygge: Ja, auch Hygge spielt eine große Rolle in der Kindeserziehung in Dänemark. So bietet Hygge den idealen Rahmen, um hochwertige Zeit miteinander zu verbringen, ohne Ablenkung, aber mit viel Spaß.

Vertrauen auf der Arbeit

Ähnlich wie die Freiheit das Arbeitsklima beeinflussen und dafür sorgen kann, dass ein Arbeitnehmer unglücklich wird, hat auch das Vertrauen einen maßgeblichen Einfluss auf das Klima der Arbeitsstelle und den Zusammenhalt im Betrieb. Wer kein Vertrauen von seinem Vorgesetzten entgegengebracht bekommt, der wird dies durch übermäßige Kontrolle in Form von fristgerechten Abgaben, E-Mails oder Bürokratie erleben. Allein die Tatsache, dass das Homeoffice und die Zusammenarbeit mit freiberuflich arbeitenden Menschen sehr in Dänemark geschätzt wird zeigt jedoch, wie hoch das Vertrauen der Arbeitgeber in ihre Mitarbeiter sein muss. Vertrauen im Beruf kostet nichts und kann dennoch so viel bewirken. Die Mitarbeiter fühlen sich deutlich wohler und weniger stark kontrolliert. Auch die Zusammenarbeit unter den Mitarbeitern kann von einem hochwertigen Vertrauen nur profitieren.

Vielleicht stellen Sie sich nun die Frage, wie Sie es schaffen können mehr Vertrauen in Ihrem Büro einziehen zu lassen. Die Dänen profitieren von einem System, in welchem ein hoher Grad an Vertrauen bereits vorhanden ist, wer in einem Beruf ohne Vertrauen jedoch beginnen möchte mehr Zusammenhalt und Vertrauen entstehen zu lassen, der fühlt sich oftmals vor eine schwierige Aufgabe gestellt. Es gibt jedoch einen einfachen Tipp, mit welchem auch Sie mehr Vertrauen und Empathie in Ihrem Büro einziehen lassen können: Das Loben. Wer seine Kollegen und Mitarbeiter lobt, der zeigt, dass er die Arbeit und den Fleiß sieht, der an den Tag gelegt wird. Das Loben kann jedoch nicht nur vom Vorgesetzten ausgeführt werden, der von eben dieser Arbeit profitiert, sondern von jedem Mitarbeiter. Erkennen Sie an, wenn Ihr Kollege Ihnen den Tag durch sein Mitdenken erleichtert hat und scheuen Sie sich auch nicht, Ihre Kollegen vor Ihrem Chef zu loben. Selbst solch kleine Veränderungen können Großes bewirken und dafür sorgen, dass rundum mehr Vertrauen zu erkennen ist. Dabei ist es natürlich wichtig, ein ernsthaftes Lob auszusprechen und auch die Sachen zu loben, die wirklich lobenswert sind. Sarkastische Aussagen oder erfundenes Lob sind hier fehl am Platz und bewirken eher das Gegenteil von Vertrauen. Probieren Sie es einfach aus – Sie werden schnell merken, wie das gesamte Arbeitsklima in Ihrem Büro sich ändern wird und viele Ihrer Kollegen mit dem Loben und Wertschätzen mitziehen werden.

Der liebevolle Umgang

Wir können so viel freie Zeit haben wie wir wollen und von bester Gesundheit profitieren – wenn wir jedoch nicht liebevoll mit anderen umgehen und ebenfalls keinen liebevollen Umgang erfahren, werden wir auf lange Sicht nicht glücklich sein. Stellen Sie sich vor Sie laufen morgens zur Arbeit und begegnen ungefähr 20 Personen, die Ihnen entgegenkommen. Keine der Personen sieht Ihnen direkt in die Augen und niemand bringt Ihnen ein Lächeln oder ein nettes „Hi!“ entgegen. Nun stellen Sie sich vor Sie gehen zur Arbeit und alle 20 Personen schauen Ihnen in die Augen, winken oder rufen nett „Guten Morgen!“, was für einen Unterschied solch ein Weg zur Arbeit doch machen kann, oder nicht? Wie wir uns anderen Menschen gegenüber verhalten und welches Verhalten wir zurückbekommen hat einen maßgeblichen Einfluss auf unser Glück und unser Glücklichsein.

Tatsächlich zeigt die Forschung, dass der Altruismus einen großen Einfluss auf unser Wohlbefinden, unser Glücklichsein und unsere Gesundheit hat. Der Begriff *Altruismus* mag zunächst seltsam klingen, er beschreibt schlussendlich aber nichts anderes als das selbstlose Handeln. Es bedeutet, dass wir auf andere Rücksicht nehmen und die Interessen oder Wünsche der anderen Person über unsere eigenen Wünsche und Bedürfnisse stellen. Das ehrenamtliche Engagement in Dänemark ist mitunter deswegen so groß ausgebaut und weist einen großen Wachstumsfaktor auf, weil der Altruismus stark in dem Denken und Verhalten der Dänen verankert ist. Dies hat nicht nur positive Auswirkungen auf das generelle alltägliche Leben in der dänischen Gesellschaft, sondern hilft auch jedem Einzelnen. Wer altruistisch denkt und lebt, der ist nämlich grundlegend glücklicher und leidet weniger an Depressionen. Das liegt daran, dass wir uns als sozial integriert, kompetent und auch sinnerfüllt fühlen, wenn wir aus Altruismus und Nächstenliebe handeln.

Viel mehr kann zu diesem Prinzip von Lykke eigentlich nicht gesagt werden. Was Sie aus diesem kurzen Kapitel jedoch dringend mitnehmen sollten ist das Wissen darüber, dass wir glücklicher und gesünder werden, wenn wir aus Liebe handeln und an unsere Mitmenschen denken. Probieren Sie es doch einfach einmal aus und nehmen Sie sich ein paar Tage bis Wochen bewusst vor, altruistisch zu handeln und auf Möglichkeiten zu achten, in welchen Sie Ihre Liebe weitergeben können. Nachfolgend finden Sie außerdem ein paar Tipps mit denen eine altruistische Haltung noch einfacher entsteht, bis das liebevolle und altruistische Verhalten Teil Ihres alltäglichen Verhaltens wird. Halten Sie durch, auch wenn es nicht immer einfach erscheint! Sie werden schnell merken, wie viel Liebe und Aufmerksamkeit Sie im Gegenzug geschenkt bekommen werden!

1. **Bereiten Sie Aufmerksamkeiten**: Das kann die Tasse Kaffee für Ihren Ehepartner sein oder die Tafel Schokolade, die Sie Ihrem Nachbarn vor die Tür legen.

2. **Schenken Sie Zeit**: Investieren Sie in sich und Ihre Freizeit. Insbesondere wenn Sie stressige Zeiten erleben, werden Sie merken wie gut es tun kann hochwertige Zeit mit anderen Menschen zu verbringen und selbst durch das Helfen neue Kraft zu tanken.

3. **Lernen Sie Namen**: Jeden Morgen grüßen Sie die Mitarbeiterin im Empfangsbereich Ihres Büros, kennen ihren Namen jedoch gar nicht? Dann wird es höchste Zeit diesen zu lernen. So fühlen sich alle Beteiligten wertgeschätzt und eine Basis für hochwertige Unterhaltungen ist gelegt.

4. **Zwei Kaffee**: Sie halten auf dem Weg zur Arbeit kurz an um sich einen Kaffee zu besorgen? Bringen Sie Ihrem Büro-Nachbarn doch einfach auch einen mit!

5. **Machen Sie Komplimente**: Geben Sie jemandem ein ernstgemeintes Kompliment und erhellen Sie so den Tag dieser Person.

Das Gesamtpaket

Lykke – die Lehre vom Glück sieht auf den ersten Blick deutlich komplizierter aus als sie wirklich ist. Schlussendlich genügt es nicht, in nur einem der Bereiche von Lykke zufrieden und glücklich zu sein, denn Lykke setzt sich, wie ein Puzzle, aus den verschiedenen Bereichen Ihres Lebens zusammen. Die Gemeinschaft, die Gesundheit, die Finanzen, das Vertrauen, die Freiheit und der liebevolle Umgang miteinander bestimmen, wie stark wir das Glück der Fülle wahrnehmen und wie glücklich wir unser Leben durchschreiten. Auch wenn es uns nicht immer möglich ist, Gegebenheiten zu verändern und den hochwertigen Gegebenheiten der dänischen Regierung oder des dänischen Gesundheitssystems anzupassen, gibt es doch viele verschiedene und kleine Ansätze, mithilfe derer wir nicht nur uns selbst, sondern auch unsere Mitmenschen ein Stück weit glücklicher machen können. Nicht immer fällt es uns leicht in den verschiedenen Bereichen für mehr Glück zu sorgen, denn hier ist teilweise eine hohe Eigeninitiative und auch Durchhaltevermögen gefragt. Probieren Sie es dennoch einfach einmal aus und merken Sie, wie sich die verschiedenen Lebensbereiche positiver gestalten lassen und Sie somit mehr Glück in Ihrem Leben verspüren.

Lagom

[lá:gom] **Adverb oder Adjektiv** *schwedisch*

Nicht zu viel und nicht zu wenig – genau richtig

Wir bewegen uns weg aus dem wunderschönen Land Dänemark, halten uns jedoch weiterhin in Skandinavien auf. Das Konzept, auf welches in diesem Abschnitt des Ratgebers näher eingegangen wird, nennt sich *Lagom* und stammt ursprünglich aus Schweden. Der schwedische Begriff lässt sich mit der deutschen Sprache nicht direkt übersetzen. Stattdessen bedeutet Lagom in unserer Sprache so viel wie *Nicht zu viel und nicht zu wenig – genau die richtige Mitte.* Ursprünglich stammt der Begriff von den Wikingern, denn *laget om* bedeutet wörtlich übersetzt soviel wie „in der Gruppe herum“ und bezieht sich unter anderem auf das gemeinsame Met-Trinken. So wurde bei den Wikingern das Met aus nur einem Krug getrunken, welcher reihum ging. Somit bekam jeder Anwesende schlussendlich nur einen gleich großen Schluck des Mets, was der Gesamtsituation jedoch keinen Abbruch getan hat. Bei dieser Hintergrundgeschichte handelt es sich vielleicht eher um eine Anekdote, die von den Schweden gerne erzählt wird, jedoch beschreibt sie das Prinzip von Lagom recht gut.

Bei Lagom handelt es sich sogar um eine Art Gesetz. Dieses ist zwar nicht in irgendwelchen Büchern verankert und es kann auch nicht offiziell gegen dieses Gesetz verstoßen werden, jedoch deutet das schwedische Wort *lag*, welches Teil des Begriffs *Lagom* ist, im Schwedischen auf den gesetzlichen Teil dieses Konzepts hin. Was also bedeutet dieses schwedische Gesetz? Ganz so leicht lässt sich *Lagom* nicht erklären. So kann es in einer einfachen Instanz bedeuten, dass genau die richtige Menge Wolken im Vergleich zur Sonne am Himmel zu sehen sind. Auch genau die passende Menge Zucker im Tee kann als Lagom bezeichnet werden. Darüber hinaus wird es jedoch komplexer: Lagom beschreibt nämlich die perfekte Balance, welche auf einer Reihe von sozialen Standards gestützt wird und uns schlussendlich, genau wie Hygge und Lykke, ein Stück mehr Glück in unser Leben bringen kann.

Lagom lässt sich, ähnlich wie Hygge und Lykke, in den verschiedensten Lebensbereichen wiederfinden. Es bedeutet, dass das Leben entrümpelt und vereinfacht wird. Gleichzeitig sollen bei Lagom Vorurteile abgebaut werden und der Lagom-Praktizierende versucht, einen ehrlichen Weg zu beschreiten. Es geht bei Lagom nicht nur um das eigene emotionale Wohlbefinden, sondern schlussendlich um die Zugehörigkeit und um die gemeinsame Verantwortung. Ähnlich wie die Dänen befinden sich auch die Schweden regelmäßig in den Top Ten der glücklichsten Länder der Welt, im Jahr 2019 lag Schweden ~~somit~~ auf Platz sieben der glücklichsten Länder[xi] und den Grund dafür sehen viele Schweden, aber auch Menschen anderer Länder, in Lagom. Doch was genau bedeutet die Lehre von „Nicht zu viel und nicht zu wenig“? Schauen wir uns zunächst einmal an, was Lagom **nicht** bedeutet:

1. **Lagom lobt nicht die Mittelmäßigkeit**: „Nicht zu viel und nicht zu wenig“? Dann ist es doch okay, wenn ich bei dieser Prüfung nicht alles gebe, es geht schließlich nicht darum der Beste zu sein, oder? Tatsächlich geht es bei Lagom nicht um Ihre individuelle Leistung und auch nicht um die materiellen Dinge, die Sie besitzen. Es geht vielmehr um eine innere Einstellung und um die Dinge, die der Gemeinschaft nützen.

2. **Lagom macht nicht alle Menschen gleich**: Bei Lagom geht es nicht darum, einen Standard für alle Menschen zu finden oder zu begründen. Vielmehr geht es darum Entscheidungen zu treffen und zu begründen, hinter denen alle Beteiligten stehen.

3. **Lagom macht nicht geizig**: Wer Lagom praktiziert muss nicht mit dem Bügeleisen zufrieden sein, welches nicht mehr richtig bügelt. Er darf sich gerne ein neues Bügeleisen kaufen. Gleichzeitig sollte der Betroffene sich jedoch die Frage stellen, ob die Neuanschaffung wirklich das High-Tech-Bügeleisen mit integrierten LED-Lichtern sein muss oder ob er mit einem ganz gewöhnlichen und funktionierenden Bügeleisen nicht genauso zufrieden sein kann.

4. **Lagom und Stolz passen zusammen**: Bei Lagom geht es darum mit dem zufrieden zu sein, was man hat. Dass ein Mensch deswegen nicht seine Ziele erreichen wollen ~~darf~~ und keinen Stolz präsentieren darf, ist dennoch ein Irrglauben.

Für wen eignet sich Lagom?

Lagom eignet sich für jeden, der ein ausgeglichenes und gleichzeitig glückliches Leben führen möchte. Wenn Sie bereits Fan von Hygge und Lykke geworden sind, dann wird es Ihnen auch nicht schwerfallen, den einen oder anderen Aspekt, wenn nicht sogar das gesamte Konzept, von Lagom in Ihrem Leben zu integrieren. Lagom kann mehr oder weniger als neuentdeckter Trend verstanden werden. Zwar gibt es dieses Konzept bereits seit einiger Zeit, jedoch ist seine Anwendung in der Gesellschaft heute wichtiger denn je.

Nicht wenige Menschen stehen dauerhaft unter Stress. Wir sind belastet von unserem Alltag, von einem zu hohen Arbeitspensum, von Toxinen aus unserer Umwelt und von der fehlenden Zeit für unsere Familie und Freunde. Gleichzeitig leidet die Erde, denn immer mehr Ressourcen werden verbraucht, wo keine mehr nachwachsen und immer mehr Abfall landet in unseren Gewässern. Die Lehre von Lagom – von nicht zu viel und nicht zu wenig – zeigt uns, wie wir unsere emotionale und unsere physische Welt in Balance bringen können. Darüber hinaus nützt das

Konzept von Lagom auch der Gesamtgesellschaft, beziehungsweise unserem Planeten. Insbesondere vier Bereiche Ihres Lebens können von Lagom profitieren:

1. **Ihr physisches Leben**: Wer bewusster konsumiert, der fühlt sich auch in seinem Zuhause wohler. Ähnlich wie bei Hygge ist auch bei Lagom das Ambiente im eigenen Zuhause sehr wichtig. Dabei spielt der Minimalismus eine große Rolle.

2. **Ihr mentales Leben**: Mit Lagom können Sie lernen, bewusst kürzer zu treten und somit das eigene Leben mit einer gewissen Authentizität und Konzentration zu gestalten. Sie lernen, mit guten wie auch schlechten Ereignissen und Erfahrungen auf eine positive Art und Weise umzugehen und gleichzeitig auch im Beruf 100% geben zu können.

3. **Ihre Finanzen**: Bei Lagom wird nicht nur Wert auf die persönlichen Wünsche gelegt, sondern auch auf die Bedürfnisse des Planeten. Schlussendlich werden Sie durch beide Anliegen bares Geld sparen.

4. **Lagom schenkt ein Gefühl der Zugehörigkeit**: Lagom kann Ihnen helfen, Beziehungen, wie zu Ihren Nachbarn, zu verbessern. Darüber hinaus hat Lagom das Potential Ihnen das Gefühl der Zugehörigkeit zu der Gesellschaft zu geben. Sie werden lernen, wie die gemeinsame Verantwortung, die alle Menschen haben, dazu führen kann, dass wir ein größeres Vertrauen in unsere Gesellschaft bekommen.

Lagom - für ein einfacheres Leben

Vielleicht denken Sie nach dem Lesen dieser vier Punkte, dass Lagom nach ganz schön viel Arbeit aussieht. Sie sollen an sich selbst arbeiten, Ihre Emotionen besser kennenlernen und gleichzeitig auch noch den Planeten retten? Zwar ist die Lehre von Lagom sehr vielseitig, doch das bedeutet nicht, dass Lagom schwierig zu erlernen oder anzuwenden ist. Lagom stellt sich gegen die Verschwendung und setzt sich für Fairness ein. Es geht nicht darum, alle Bereiche des Lebens mit halbherzigen Lösungen zu versehen, sondern Ansätze zu finden, mit denen Sie rundum glücklich sind oder von denen die gesamte Gesellschaft profitieren kann. Nachfolgend werden, ähnlich wie bei Hygge und Lykke auch, verschiedene Aspekte des Lebens betrachtet und erklärt, wie diese mithilfe von Lagom verbessert werden können. Dabei werden Lebensbereiche wie das Arbeitsleben, die Ernährung, die Ästhetik, die Gesundheit, die zwischenmenschlichen Beziehungen und schlussendlich auch unser gesamter Planet betrachtet. Lagom setzt sich also aus mehreren kleinen Puzzleteilen zusammen, die uns als gesamtes Bild zu einem hochwertigeren und glücklicheren Leben verhelfen können.

Lagom und Arbeit

Die Schweden nehmen ihre Arbeit sehr ernst. Das liegt unter anderem an der protestantischen Arbeitsethik und auch an der langen Tradition der Gewerkschaft. Was die Schweden jedoch ebenso ernst nehmen sind ihre Kaffeepausen und der Feierabend, der pünktlich zum Ende der vertraglich geregelten Arbeitszeit eingeläutet wird. Somit könnte ausgesagt werden, dass der Leitsatz der Schweden in Bezug auf ihre Arbeit lautet: „Nicht zu viel arbeiten, sondern lagom.“.

Das Verhältnis zum Kaffee, beziehungsweise zu Kaffeepausen, ist sehr wichtig für die Schweden. Jeden Vor- sowie Nachmittag wird die Arbeit zusätzlich für eine Viertelstunde unterbrochen, um den Filterkaffee und im Idealfall Gebäck von Zuhause zu genießen. Für uns mag dies zunächst vielleicht klingen wie Zeitverschwendung, in dieser Viertelstunde, beziehungsweise in der halben Stunde, die für das Kaffee-Trinken „verschwendet“ wird könnten doch andere, wichtige Dinge erledigt werden. Wieso also handelt es sich bei den Kaffeepausen in Schweden um ein absolut normales Konzept, gegen welches nicht einmal die Arbeitgeber etwas einzulegen haben? Tatsächlich wurde in der Schlafforschung herausgefunden, dass wir am effektivsten und konzentriertesten arbeiten, wenn wir unserem Gehirn alle eineinhalb Stunden eine kurze Pause gönnen. Das hat mit dem Biorhythmus des menschlichen Körpers zu tun. Genau genommen wurde in einer Studie der University of Toronto herausgefunden, dass wir am produktivsten arbeiten, wenn wir 52 Minuten am Stück arbeiten und im Anschluss 17 Minuten Pause machen.[xii] Dabei sind die Pausen am besten genutzt, wenn wir diese nicht vor dem Computer- oder Handybildschirm verbringen. Die Schweden machen also alles richtig, wenn sie sich in ihren Pausen voll und ganz auf den heißen Kaffee und knuspriges Gebäck konzentrieren. Vielleicht schwirren in Ihrem Gehirn nun die Zahlen und Rechnungen hin und her – wer so viel Pause macht, der bekommt doch nicht wirklich viel getan, oder etwa doch? Tatsächlich gleicht die hochwertige Arbeit, die durch die vielen Pausen erst entstehen kann, die Defizite aus die durch die Pausen entstehen können. Tatsächlich arbeiten die Schweden aber, ähnlich wie die Dänen auch, im Schnitt weniger Arbeitsstunden als der Rest der Welt und dennoch landen sie im globalen Wettbewerbsfähigkeitsindex immer wieder unter den Top Ten. Im Jahr 2019 zum Beispiel landeten die Schweden auf Platz acht.[xiii]

Selbstverständlich hat dieses Konzept auch eine Menge mit dem Vertrauen zu tun, welches zwischen Arbeitgeber und Arbeitnehmer herrscht. Wer zum Beispiel in einer schwedischen Firma fragt, wie viel Zeit er für das anstehende Projekt hat, wird in der Regel eine Antwort erhalten, die ungefähr so klingt: „Bis das Projekt fertig ist.“. Unsinnige Zielsetzungen und Planungen nehmen nur kostbare Zeit weg und auch der Druck einer Deadline kann den Arbeitnehmer ausbremsen und ihm die Motivation nehmen. Dieses Vertrauen spiegelt sich aber auch in anderen Bereichen des Arbeitslebens wider. So ist es in schwedischen Firmen Gang und gebe, dass ein jeder Mitarbeiter sich einbringen darf und soll. Entscheidungen werden gemeinsam gefällt und selbst der Kommentar des Azubis wird ernstgenommen und nicht außer

Acht gelassen. Wer seine Arbeit schneller erledigt, der kann natürlich auch früher nach Hause gehen. Während wir uns in unseren nicht-schwedischen Firmen in solch einem Fall vielleicht schuldig fühlen würden, schließlich ist unser Arbeitspensum, zumindest was die Zeit angeht noch nicht erfüllt, gehen Schweden ohne schlechtes Gewissen und ohne Bedenken nach Hause. Die Kollegen und auch der Chef werden schon wissen und können darauf vertrauen, dass die Arbeit gewissenhaft erledigt wurde und der Feierabend verdient ist.

Ähnlich wie auch in Dänemark profitieren die Einwohner Schwedens von einer hochwertigen Balance aus Arbeit und Freizeit. So ist es zum Beispiel normal, dass Betriebe im Sommer eine einheitliche, oftmals vierwöchige, Pause einlegen, die die Mitarbeiter als ausgiebigen Urlaub nutzen können. Auch die Regelungen für Eltern sind in Schweden sehr hochwertig. So haben Eltern ein Anrecht auf großzügigen Elternurlaub, können flexible Arbeitszeiten nutzen oder profitieren von kürzeren Arbeitstagen in den ersten acht Jahren nach der Geburt ihres Kindes. Auch wenn wir hier erneut vor einer Thematik stehen, die wir in unserer Gesellschaft nicht einfach mal eben ändern können - die meisten Arbeitgeber wären wahrscheinlich eher weniger begeistert, wenn Sie ab sofort auf eine Pause alle 52 Minuten bestehen – können wir diese Lagom-Balance ein Stück weit in unseren Alltag integrieren. So können Sie sich zum einen als Ziel setzen, den Feierabend auch dann zu machen, wenn er Ihnen zusteht. Wie oft kommt es vor, dass Sie doch die eine oder andere Überstunde machen, weil das Projekt noch nicht fertig ist oder nehmen Sie die Arbeit manchmal sogar mit nach Hause? Zum anderen ist es den Schweden wichtig nach dem Feierabend hochwertige Zeit mit der Familie oder mit Freunden zu verbringen und auch das ist etwas, was Sie in Ihren Alltag integrieren können. Das gemeinsame Kochen, ein Tee beim Nachbarn oder selbst das Telefonat mit der Freundin über den Tag können Ihnen so einen guten Ausgleich zum Stress des Arbeitslebens bieten.

Fredagsmys – das Hygge der Schweden

Einen Ausgleich zur stressigen, oder auch nicht so stressigen, Arbeitswoche finden die Schweden in einer Tradition namens *Fredagsmys*. Wie der Klang dieses Wortes bereits verrät, wird Fredagsmys immer freitags ausgeführt. Das *mys* in diesem Wort bedeutet auf schwedisch übrigens *Gemütlichkeit.* Schlussendlich geht es bei dieser Tradition um nichts anderes als es sich gemütlich zu machen, leckere Knabbereien zu verzehren und Zeit mit den Liebsten zu verbringen – das klingt doch schon sehr hyggelig oder nicht?

Tatsächlich steht die Freitags-Gemütlichkeit etwas im Kontrast mit der Lehre von Lagom. Somit wird hier nicht auf die gute Ernährung geachtet und früh ins Bett gehen ist auch bei weitem nicht angesagt. Die TV-Shows, die angeguckt werden, müssen weder bereichernd sein noch informativ, selbst die schlechteste Soap-Opera kann im Fredagsmys ihren Platz finden. Dänen, die gerne scharf essen, decken sich vor ihrem Fredagsmys übrigens gerne mit fertigen Dips und Nachos oder Tacos ein. Selbst die ungesunden Fertiggerichte dürfen also Freitagabend aus dem Schrank geholt werden. Wie genau also passt Fredagsmys in das Konzept von Lagom? Es bietet den Schweden den idealen Ausgleich zur Arbeitswoche. Wie Sie bereits lesen konnten nehmen die Schweden ihre Arbeit sehr ernst, auch wenn die eine oder andere Pause genommen wird. Das bedeutet, dass der Schwede sich am Ende dieser Arbeitswoche auch einfach mal locker machen will und darf. Schlussendlich ist die Freitags-Gemütlichkeit nichts anderes als eine Ausrede für die Faulheit. Aber genau das brauchen wir manchmal. Bestimmt kennen Sie den Zeitpunkt nach einer langen Woche, an dem man einfach nur noch die Füße hochlegen und entspannen wollen – die Schweden haben diesen Moment einfach traditionell in ihre Woche eingebaut und verschaffen sich so jeden Freitag aufs Neue eine entspannte und beruhigende Auszeit vom stressigen Alltag.

Fredagsmys bei Ihnen Zuhause

Auch Sie können die Freitags-Gemütlichkeit der Schweden als neue Tradition in ihren Alltag integrieren. Für Fredagsmys braucht es nämlich nicht viel. Nachfolgend werden Ihnen einige Punkte erklärt, mithilfe derer auch Sie eine entspannte und hochwertige Lagom-Atmosphäre in Ihrem Wohnzimmer kreieren können.

1. **Kerzen, Kissen und Decken** sind auch bei Lagom besonders wichtig und tragen zu einer wohligen und entspannten Atmosphäre bei.

2. **Bunte Schüsseln** sind nicht nur kleine Hingucker und sorgen für gute Laune auf dem Tisch, sie tragen auch zu einer geselligen Mahlzeit bei.

3. **Schwedische Tacos** haben zwar nicht viel mit klassischen Tacos zu tun, sie stehen aber für die Geselligkeit und gleichzeitige Selbstbedienung, die die Schweden bei Mahlzeiten schätzen. Auch andere schnelle und einfache Gerichte können bei Fredagsmys verzehrt werden. Je mehr kleine Schüsseln befüllt werden, desto besser.

4. **Kuschelige Kleidung und warme Socken** machen Ihren Freitagabend noch gemütlicher. Sie können den Abend übrigens getrost alleine verbringen oder Ihre liebsten Freunde oder Familienmitglieder einladen. Hauptsache ist, dass Sie sich wohl fühlen.

Leben, um zu arbeiten oder arbeiten, um zu leben?

Eine ausreichende Balance zwischen Arbeit und Freizeit ist mehr als die regelmäßigen Kaffeepausen oder der pünktliche Feierabend. Das haben auch schwedische Unternehmen erkannt und erprobt, inwiefern ein Arbeitstag von nur sechs Stunden Ausmaße auf das persönliche Leben des Arbeitsnehmers sowie auf den Erfolg des Unternehmens hat. Tatsächlich konnten hauptsächlich positive Auswirkungen erkannt werden: Der Arbeitnehmer ist glücklicher und ausgeglichener und die Unternehmen profitieren von effektiveren Mitarbeitern und einer hohen Anzahl an Bewerbern. Der Ausgang dieser Testphase hätte dabei schon von der Neurologie bestätigt werden können. So ist durchaus bekannt, dass unser parasympathisches Nervensystem für unsere Beruhigung und Erholung zuständig ist, während das sympathische Nervensystem uns unentwegt beim kurzfristigen Denken, bei der Sensibilisierung für Gefahr und zu einem hochwertigen Antrieb hilft. Wenn jedoch nur, oder hauptsächlich, das SNS, also das sympathische Nervensystem im Einsatz ist und das PSNS, das parasympathische Nervensystem, weniger zum Einsatz kommt, passiert es schnell dass ein Mensch unter Erschöpfung leidet. Genau wie wir unserem Körper beim Sport immer wieder Pausen schenken sollten wir auch unserem Gehirn eine Auszeit gönnen und das können wir am besten tun, indem wir Sport treiben, ein Hobby ausüben oder uns in der Natur bewegen. Wer ein Bild malt, ein Buch liest oder Wald und Wiese schätzt, der lädt automatisch seine Batterien und hat dementsprechend wieder mehr Energie für die Zeiten, in denen das SNS hochwertig und konzentriert arbeiten muss.

Das Bewegen in der Natur oder kreative Hobbies geben uns darüber hinaus nicht nur eine Auszeit vom Alltag, sie fördern auch unsere Glücksgefühle. Auch diese spiegeln sich anschließend wieder in einer gesteigerten Arbeitsproduktivität und einer beidseitigen hohen Zufriedenheit bei Ihnen und Ihrem Arbeitgeber wider. Auch wenn Sie vielleicht nicht die Möglichkeit haben, jeden Tag das Arbeitspensum auf sechs Stunden zu verkürzen, ist es ratsam sich ein Hobby zu suchen, bei welchem Sie sich kreativ auslassen können oder viel Zeit an der frischen Luft ~~zu~~ verbringen. Auch dieser Ausgleich von der Arbeit wird von den Schweden als Lagom verstanden.

Lagom und Ernährung

Die alltäglichen Mahlzeiten sind den Schweden überaus wichtig. Wenn Sie sich ein wenig mit der schwedischen Sprache beschäftigt haben dann wissen Sie bestimmt, dass es sich um eine eher funktionelle Sprache handelt. Höflichkeitsfloskeln werden in dieser Sprache, beziehungsweise in dieser Kultur, eher weniger vorgefunden. Dafür bieten die Mahlzeiten und das Kochen an sich den Schweden aber hochwertiges Gesprächsmaterial. Tatsächlich ist die schwedische Esskultur keine Spezifische. Die Schweden sind nicht alle Vegetarier oder sogar Veganer. Sollte eine bestimmte Ernährungsweise jedoch gerade im Trend sein, so werden Sie diese mit großer Sicherheit auch in Schweden antreffen. Die Schweden springen auf viele Food-Trends auf und probieren gerne neue Rezepte oder neue Ideen in der Küche auf. Bei gemeinsamen Mahlzeiten spielt also nicht nur die Gesellschaft eine Rolle, sondern auch die Mahlzeit an sich ist ein großes Thema. Darüber hinaus nimmt die Planung von Mahlzeiten und das Austauschen neuer Rezepte einen großen Platz im Alltag der Schweden ein. Ähnlich wie bei Hygge geht es den Schweden jedoch nicht unbedingt um das Endprodukt auf dem Teller, sondern um den Weg zu der jeweiligen Mahlzeit. Auch hier wird bevorzugt gemeinsam gekocht.

Wie genau lässt sich nun Lagom in der Ernährungsweise der Schweden wiederfinden? Die alltägliche Ernährung ist für uns alle eine Notwendigkeit. Ohne unsere Nahrung werden wir auf lange Sicht nicht funktionieren. Die Schweden haben diese Notwendigkeit in ein gesellschaftliches Erlebnis umfunktioniert. Der Wert wird immer noch auf das Essen und die Mahlzeiten gelegt, jedoch verringern sich die Kosten und auch der Arbeitsaufwand aller Beteiligten, wenn sich mehrere Personen für eine Mahlzeit zusammenschließen. Darüber hinaus besteht durch ein solches Lagom-Treffen die Chance, den Moment mit der ganzen Aufmerksamkeit zu genießen. Nicht umsonst lieben die Schweden Mitbring-Partys und Picknicks, denn hier werden sich die Kosten geteilt und die Notwendigkeit der Mahlzeit wird von einem angenehmen Ambiente und hochwertigen Konversationen begleitet.

Minimalismus in der nordischen Küche

Die Schweden stehen auf ihren Minimalismus. Diese Tatsache macht sich auch in der Küche bemerkbar. Während ein Großteil der Welt das sogenannte Fast-Food schätzt, gehen die Schweden einen Schritt in die entgegengesetzte Richtung: Sie lieben ihr Slow-Food. Insbesondere in schwedischen Nobelrestaurants ist der Trend angekommen, hauptsächlich Produkte zu nutzen, die regional angebaut werden. Die Portion Blattgold oder das Zebra-Fleisch aus Afrika haben in einer guten schwedischen Küche nichts zu suchen. Dieses Prinzip hat sich auch auf die allgemeine schwedische Küche übertragen. So lassen sich auf schwedischen Balkons im Sommer eine Vielzahl an Tomaten- und Gurkenpflanzen sowie Kräuter erkennen. Wer über einen Garten verfügt, der nutzt diesen in der Regel auch gerne um eigene Lebensmittel direkt vor der Haus- oder Terrassentür anzubauen. Hierbei handelt es sich um eine Ernährungsweise, die als sehr lagom angesehen wird. Während die Nahrungsmittelverschwendung weltweit enorme Ausmaße annimmt und die globale Erderwärmung noch mehr antreibt, nehmen die Schweden dieser Problematik im gewissen Maße den Wind aus den Segeln, denn eine Tomate vom eigenen Balkon schmeckt ohnehin viel besser als die Tomate aus

Spanien, die bereits drei Tage lang unterwegs war. Auch die Erschwinglichkeit von selbst Angebautem ist für die Schweden ein Vorteil. Schlussendlich bietet die Zeit im Garten oder auf dem Balkon, die damit verbracht wird Obst und Gemüse anzubauen und zu ernten, auch wieder eine hochwertige Auszeit vom Alltag und vom Beruf.

Auch das Sammeln von Obst und Gemüse in der freien Natur wird von den Schweden gerne praktiziert. Ein Waldspaziergang im Herbst kann so zum Beispiel einen großen Korb voller Pilze bescheren, während ein Spaziergang im Sommer in der richtigen Gegend reichlich Material für den leckeren Holunderblütensirup bereitstellt, welchen auch die Schweden gerne herstellen und genießen. Schlussendlich legen die Dänen auch einfach gerne selbst Hand an und präferieren es, Brot und Gebäck selbst herzustellen. Selbst das eigene Brauen von Bier ist in Schweden ein weit verbreitetes Hobby und das aus gutem Grund: Wer seine Lebens- und Genussmittel selbst herstellt, der verbringt allein mit der Herstellung eine hochwertige Zeit, die einen guten Ausgleich darstellt. Das hergestellte Produkt stellt dabei noch einmal eine besonders leckere Belohnung dar und beweist, dass sich die Mühe des Selbermachens gelohnt hat.

So können Sie sich lagom ernähren

Nicht immer besitzen wir einen Balkon oder haben die Möglichkeit und die Zeit, einen Garten oder Schrebergarten zu bewirtschaften. Das Brot dann auch noch selbst zu backen? Kommt gar nicht in Frage! Selbst wenn der Anbau von Gemüse und die eigene Herstellung von Lebensmitteln nicht so Ihr Ding ist, können Sie sich dennoch lagom ernähren. Nachfolgend werden Ihnen die wichtigsten Kriterien für eine Ernährung nach lagom erklärt, diese lassen sich dabei sehr einfach in Ihren Alltag integrieren.

1. **Das Resteessen**: Jeden Tag muss eine neue Mahlzeit gegessen werden und diese darf schon gerne in Richtung Gourmet gehen? Das ist nicht sonderlich lagom. Die Schweden präferieren es unter der Woche, nach einem Arbeitstag, eine schnelle und einfache Speise zu verzehren. Das spart nicht nur Zeit, sondern auch Geld. Darüber hinaus ist die Verschwendung von Lebensmitteln ein wahres No-Go für die Bewohner Schwedens. Gerichte aus Lebensmittel-Resten stehen deswegen immer wieder an der Tagesordnung und diese sind in der Regel leckerer, als Sie vielleicht denken mögen. Tatsächlich ist das Nationalgerichts Schwedens, *Pyttipanna*, ein Gericht, welches sich ausschließlich aus Lebensmittelresten zubereiten lässt. Man nehme Kartoffeln, Karotten, Fleischbällchen oder Wurst und was sich ansonsten noch lose im Kühlschrank befindet, schmeißt alle Zutaten in eine Pfanne und belegt das Gericht mit einem Spiegelei oder Roter Bete. Was haben Sie gerade im Kühlschrank liegen, was dringend verbraten werden sollte? Werden Sie kreativ und beugen Sie so der Verschwendung von Lebensmitteln vor.

2. **Die Belohnung am Samstag**: Zwar hat dieses Phänomen nicht wirklich viel mit Lagom zu tun, dennoch gehört das *Lördagsgodis* fest ins wöchentliche Programm der Schweden. So hat es in Schweden Tradition, samstags eine Tüte voll mit Süßigkeiten zu befüllen und diese in der Regel auch noch am gleichen Tag vollständig zu verzehren. Für die Schweden stellt auch diese Tradition eine gewisse Balance dar, denn die regelmäßige Ausnahme am Samstag gleicht sich mit der gesunden und kostengünstigen Ernährung unter der Woche aus.

3. **Die Wichtigkeit des Frühstücks**: Gerne lassen wir unsere erste Mahlzeit am Tag, das Frühstück, schon einmal ins Wasser fallen und trinken nur schnell die Tasse Kaffee. Zwar sind viele Menschen der Ansicht, dass die Pfunde so schneller und einfacher purzeln, jedoch sehen die Schweden das vollkommen anders. Hier stellt das Frühstück die wichtigste Mahlzeit des Tages dar und sollte bei weitem

nicht nur aus einem süßen Toast oder gezuckerten Cornflakes bestehen. Stattdessen frühstücken die Schweden bevorzugt Vollkornbrot oder gesunden Porridge mit Früchten. Das Lagom in dieser Art der Ernährung findet sich in der ausgeglichenen Zufuhr an Lebensmitteln wieder. Der Blutzuckerspiegel sollte konstant gehalten werden, was wiederum bedeutet: Nicht zu viel und nicht zu wenig Nahrung.

4. **Energie für den Tag**: Die Nahrung, die wir zu uns nehmen, hilft uns wiederum ausreichend Energie für unseren Tag zu erhalten. Die Schweden geben Ihren Kindern zum Beispiel eher selten Chips und Weißbrot mit in die Schule, denn woher soll bei diesen Nahrungsmitteln die ausreichende Energie zum Lernen kommen? Stattdessen gibt es bei den Schweden nahrhafte Snacks als Zwischenmahlzeiten. Darüber hinaus essen die Schweden wenig, aber oft. Das Intervallfasten werden Sie in dieser Esskultur also eher weniger vorfinden, denn eine ausgeglichene Balance lässt sich bei dieser Ernährungsweise nicht wirklich finden.

Lagom und Ästhetik

Dass auch die Schweden ihr Design lieben lässt sich schnell anhand der bekannten schwedischen Möbelkette erkennen. Tatsächlich spielt aber selbst bei dieser großen Möbelkette lagom eine ebenso große Rolle. So ist die Funktionalität der Möbel sowie die Langlebigkeit und der Preis besonders wichtig für das Unternehmen. Ingvar Kamprad, der Gründer von IKEA, hatte nicht nur das Ziel schicke Möbel herzustellen, sondern diese benutzerfreundlich zu machen. Nicht ohne Grund handelt es sich bei diesem Möbelhaus um eines der größten und beliebtesten Möbelketten weltweit. Wir können die Möbel online aussuchen, im Geschäft ansehen und testen und dann ganz einfach mit nach Hause nehmen und selbst aufbauen. Darüber hinaus bietet IKEA nicht nur Luxus-Möbel, sondern auch Möbel für den kleinen Mann, beziehungsweise die kleine Frau, in einer noch kleineren Wohnung mitten in der Stadt. Sie sehen also, es geht wieder um das Prinzip: Nicht zu viel und nicht zu wenig. Einen Schreibtisch zu entwerfen und herzustellen, der gut 2000€ kostet, ist für Designer natürlich kein Problem. Die Vereinbarkeit von der Ästhetik des Schreibtisches, seiner Funktionalität, seines Preises sowie die einfache Handhabung im Aufbau für den Käufer jedoch zeigt erneut die Prinzipien von Lagom. Nachfolgend wird auf die verschiedenen Design-Bereiche eingegangen und erklärt, inwiefern die Schweden diese lagom gestalten und wie auch Sie dies tun können.

Ordnung ist das halbe Leben

Die Schweden mögen es minimalistisch und ordentlich. Das bedeutet, dass Sie in schwedischen Wohnungen und Häusern viele freie Flächen sehen werden, denn die Schweden verstauen ihr Hab und Gut bevorzugt in Regalen, Schubläden und anderen schlauen Verstau-Möglichkeiten, wie unter der Treppe oder an ähnlichen Orten. Der Grund ist ganz einfach: Wenn die Oberflächen in Ihrer Wohnung frei sind, sieht der gesamte Raum nicht nur größer aus, Sie werden auch merken, dass Sie dadurch mehr Raum zum Denken haben. Der Stapel voller Unterlagen auf dem Schreibtisch oder die Schuhe, die ungeordnet im Eingangsbereich stehen, sorgen dafür, dass wir weniger Harmonie verspüren und dementsprechend auch schneller abgelenkt sind. Unser Denkvermögen wird somit mehr oder weniger von der Ordnung oder Unordnung in unserem Umfeld beeinträchtigt. Genau deswegen lieben die Schweden ihre Ordnung und ihren Minimalismus und auch das hat etwas mit Lagom zu tun – für jedes Objekt gibt es einen bestimmten Platz. Der Schrank mit den Gläsern ist voll? Dann wird der Schwede sich nicht aus Lust und Laune neue Gläser kaufen, nur weil diese gerade im Angebot waren, denn wo würde er diese dann verstauen? Nicht zu viel und nicht zu wenig spiegelt sich also auch in der schwedischen Inneneinrichtung wider.

Lagom im eigenen Zuhause

Ein weiterer Hinweis von Lagom lässt sich in der farblichen Gestaltung der Wohnung der Schweden wiederfinden. So ist es Gang und Gebe in schwedischen Wohnungen, dass maximal eine Wand im Raum mit Farbe versehen wird. Das gesamte Zimmer bunt zu gestalten wäre den Schweden schlussendlich zu viel des Guten und auch die Kosten werden durch den geringeren Verbrauch der Farbe gespart. Darüber hinaus reicht bereits ein kleinerer Farbakzent, um dem gesamten Raum ein neues Ambiente zu verleihen, wieso also alle Wände streichen? Grundlegend präferieren die Schweden es, eher weniger Farbakzente einzusetzen, beziehungsweise diese neutral zu halten. Somit repräsentiert der schwedische Inneneinrichtungs-Stil sehr helle, weiße Wohnungen, die mit einigen grauen Akzenten und Holzfarben verfeinert werden. Zwar mag diese Beschreibung vor Ihren Augen auf den ersten Blick langweilig oder eintönig werden, der große Vorteil besteht jedoch darin, dass die Schweden so leicht umdekorieren und ihre Wohnungen saisonal gestalten können, ohne das gesamte Raumkonzept ändern zu müssen oder den neuen Eimer Farbe zu kaufen.

Auch die Nachhaltigkeit ist den Schweden in ihrem Innendesign besonders wichtig, was erneut die Prinzipien von Lagom zeigt. So gibt es in Schweden einen sehr großen Second Hand Markt, nicht nur was Kleidung angeht, sondern auch Möbel. Und sind wir einmal ganz ehrlich: Welches Möbelstück hat mehr Charakter als ein alter, abgesessener Ledersessel? Nicht nur das, auch ist es in Schweden inzwischen fast schon normal geworden, dass Markenfirmen nachhaltig produzieren, Tapeten oder Farben sind hier sogar mit einer Ökozertifizierung erhältlich und die Schweden greifen lieber zu den teureren und hochwertigen Produkten, als die günstigen und nicht nachhaltigen Farben und Tapeten zu verwenden. Erneut erkennen wir hier die Prinzipien von Lagom, denn wo der Schwede mehr Geld für seine Tapeten zahlt, schont er gleichzeitig die Umwelt – er sorgt also für eine gewisse Art der Balance.

DIY und Recyceln fürs eigene Zuhause

In den letzten Jahren hat sich die schwedische Inneneinrichtung nach und nach ein wenig verändert, sie ist somit ein Stück gemütlicher geworden. Das Lagom wird jedoch trotzdem nicht außen vorgelassen. Der Grund für diesen Wandel findet sich in dem neuentdeckten Trend des Strickens und der Retro-Möbel wieder. Während Stricken und Häkeln lange Zeit eher der älteren Generation zugeordnet wurde, fangen inzwischen auch junge Menschen an, Decken, Kissen oder Schals selbst zu stricken. Das sorgt für einen gewissen Grad der Gemütlichkeit, welcher von Vintage- und Retro-Möbeln unterstützt wird, die selbstverständlich nicht neu, sondern gebraucht gekauft werden. Auch Möbel von den Eltern oder gar Großeltern werden sich gerne unter den Nagel gerissen, denn das spart nicht nur Geld, sondern auch Ressourcen. Ein liebliches, ordentliches und gemütliches Zuhause einzurichten können die Schweden also, ohne die Umwelt und den Geldbeutel allzu stark zu belasten.

Auch Sie können Ihr Zuhause nach schwedischer Lagom-Art einrichten oder dieses zumindest ein bisschen mehr in Richtung Lagom gestalten – hier ein paar Tipps:

1. **Räumen Sie auf**: Wir tun es nicht gerne, aber so ein Frühlingsputz kann wahre Wunder bewirken! Räumen Sie Oberflächen frei und verstauen Sie, was nicht regelmäßig gebraucht wird. Sie werden merken, wie solch eine Ordnung befreien kann.

2. **Gekauft wird nur, wofür Platz vorhanden ist**: Es gibt neue Kochtöpfe im Angebot oder die Jeans ist heute besonders günstig? Überlegen Sie vor dem Kauf, ob Sie das jeweilige Produkt wirklich benötigen und auch Platz dafür haben. Wenn Sie nicht direkt wissen, wo Sie Ihren Neukauf verstauen können, weil Sie zum Beispiel bereits ausreichend Kochtöpfe besitzen oder der Schrank nur so von Hosen überquillt, dann sollten Sie den Kauf dringend überdenken. Es lohnt sich übrigens, vor dem Shopping festzulegen, was

Sie neu (oder gebraucht) kaufen möchten und sich an diese Richtlinien zu halten.

3. **Verwerten Sie alte Möbel**: Ob auf dem Flohmarkt, im Vintage-Shop oder auf dem Dachboden der Großeltern – alte und gebrauchte Möbel erzählen eine Geschichte und verleihen unserem Zuhause etwas ganz Besonderes. Insbesondere die Kombination aus einem glatten und modernen Einrichtungsstil mit dem einen oder anderen alten Möbelstück verleiht dem Raum das gewisse Etwas.

4. **Legen Sie selbst Hand an**: Können Sie stricken oder häkeln? Wenn nicht, wird es ~~an der~~ Zeit einen (Online-) Kurs zu belegen und sich dieses oder andere tolle Handwerke beizubringen. Wer seine Hände mit sinnvollen Aufgaben beschäftigt, der profitiert von einem beruhigenden Effekt und stellt gleichzeitig einzigartige Objekte für das eigene Zuhause her.

Lagom in der Mode

Nicht nur die Inneneinrichtung oder die Ernährung der Schweden ist zweckmäßig ausgerichtet, auch die Kleidung ist funktionell. So spiegelt der schwedische Kleidungsstil eine Mischung aus geradlinigen Schnitten, interessanten Details und der Möglichkeit der vielfältigen Kombination mit anderen Kleidungsstücken wider. Der Schwede muss sich also nicht zwingend umziehen, wenn er zu einem schicken Date gehen möchte, sondern lediglich das eine oder andere Detail ändern. Somit ist auch die dänische Mode sehr funktionell und auch der Luxus wird nicht unbedingt durch die Kleidung ausgedrückt, wie wir es von den Reichen und Berühmten anderer Länder kennen. Sparsamkeit und Funktionalismus hingegen sind die Grundprinzipien, nach denen die Schweden ihre Kleidung auswählen und auch lagom spielt hier eine Rolle: Nicht zu bunt, nicht zu grell und gleichzeitig nicht zu langweilig – nicht zu viel und nicht zu wenig also.

Nicht nur die Funktionalität der Kleidung ist wichtig für die Schweden, auch die Sparsamkeit kommt hier wieder ans Licht. Die Kleidung sollte bezahlbar und dennoch qualitativ hochwertig sein. Günstige Kleidung, die jedoch nur eine Saison lang „in" ist oder nach Ende der Saison halb auseinanderfällt, kommt den Schweden also nicht in die Tüte. Stattdessen wird auch die Kleidung gerne wiederverwertet, sei es durch den Kauf und Verkauf in Second-Hand-Läden oder dem eigenen Hand-Anlegen mit Nähmaschine, Nadel und Faden. Die Schweden verbinden bevorzugt die Bescheidenheit mit dem Wunsch nach neuen Dingen. Den Pullover haben Sie seit drei Jahren nicht getragen? Dann kreieren Sie etwas Neues, was Sie voller Stolz und gerne tragen.

Auch wenn Sie sich vielleicht nicht vollständig auf den Kleidungsstil der Schweden einlassen möchten, zum Beispiel weil Sie bereits Ihren liebsten Kleidungsstil gefunden haben, gibt es dennoch einige Punkte die Ihnen helfen können, auch Ihre Kleidung mit einer gewissen Portion Lagom zu gestalten:

1. **Ein Jahr nicht berührt**: Stöbern Sie durch Ihren Kleiderschrank und beurteilen Sie, wann Sie die jeweiligen Kleidungsstücke das letzte Mal getragen haben. Sollten Sie den einen oder anderen Pullover oder Rock finden, den Sie seit mindestens einem Jahr nicht mehr in der Hand hatten, ist es sinnvoll, zu entscheiden: Kann ich etwas Neues aus diesem Kleidungsstück gestalten und ihm somit ein Facelift verpassen oder werde ich mit diesem Produkt nicht mehr glücklich und sollte es lieber in den Second-Hand-Laden? Kleidungsstücke, die in der hinteren Ecke Ihres Schranks in Vergessenheit geraten, machen weder Sie noch andere Menschen glücklich.

2. **Hallo Nähmaschine**: Die Bluse wurde lange nicht getragen, weil der Knopf abgefallen ist oder das T-Shirt hat ein Loch? Dann legen Sie selbst Hand an und schenken Sie Ihren Kleidungsstücken neues Leben. Vielleicht werden Sie sogar richtig kreativ und schaffen etwas Neues aus Kleidung, die Sie lange nicht mehr getragen haben.

3. **Ignorieren Sie Trends**: Trends kommen und gehen und nicht immer haben wir die Kapazitäten, diese mitzumachen. Tragen Sie also das, was Ihnen gefällt. Ob das jeweilige Kleidungsstück gerade im Trend liegt oder nicht, ist dabei absolut egal. Wir müssen nicht immer auf dem neuesten Stand sein, allein deswegen schon, weil es finanziell nicht unbedingt zu verantworten ist.

Lagom und Gesundheit

Unsere städtische Umgebung ist dominiert von Fitnessstudios und Ernährungsberatern. Wir alle wollen fitter und schöner werden und orientieren uns oftmals an dem Vorbild von Fitness-Models und Influencern. So jedoch nicht die Schweden. Eine der größten und beliebtesten Sportorganisationen in Schweden hat den Namen Friskis & Svettis und setzt auch beim Sportprogramm auf Lagom. Zunächst geht es bei dieser Art des Trainings um eine Bewegung, nicht nur für den Körper, sondern auch für die Seele. Dafür verbindet dieses Training Beweglichkeit und Koordination, Dehnung, Kraft und Ausdauer mit der Natur und der Musik. Das Programm, welches von schwedischen Ärzten und Krankengymnasten entwickelt wurde, stellt ein überaus soziales und gesundheitsbewusstes Konzept dar. Die Übungen werden in Gruppen ausgeführt und sind darüber hinaus zeitlich flexibel gestaltbar. Außerdem ist die Teilnahme an diesem Sportprogramm finanziell für alle Teilnehmer erschwinglich.[xiv] Diese Art des Sports legt es nicht darauf an, den Menschen unbedingt schöner oder muskelbepackter zu gestalten, sondern ihm physische und psychische Gesundheit zu schenken. Das Outfit für das Sportprogramm ist dabei absolut nebensächlich, es geht in erster Linie darum, sich wohlzufühlen und sich in der Gemeinschaft anderer auszupowern und Spaß zu haben.

Sollten Sie keine Friskis & Svettis- Vereine in Ihrer Nähe haben, in denen Sie sich sportlich betätigen können, gibt es auch andere Lösungen, die Sie nach dem Lagom-Prinzip glücklich machen können. Wie wäre es zum Beispiel mit einer Nachbarschafts-Initiative, mit welcher Sie sich ab und zu im Grünen treffen und dort gemeinsam Yoga, Pilates oder andere Sportarten ausprobieren und ausführen? Insbesondere die Gemeinschaft mit anderen Menschen wird Sie dabei Motivieren und Ihnen zusätzliche Freude zum Sport darbieten. Auch wenn Sie alleine Sport treiben bietet es sich an, diesen in der freien Natur auszuüben. Dies lockert nicht nur das Gemüt auf, sondern bietet Ihnen auch eine Abwechslung vom Alltag im Büro oder in den eigenen vier Wänden. Dabei geht es nicht darum, höher, größer und weiter zu kommen und sich bis zur völligen Erschöpfung auszutoben. Machen Sie auch beim Sport nicht zu viel und nicht zu wenig. Es sollte schließlich noch ausreichend Energie vorhanden sein, um sich ein gesundes Abendessen aus Resten aus dem Kühlschrank herzustellen oder die Freitagsgemütlichkeit mit Freunden auszunutzen.

Lagom auf Ihren Weg zur Arbeit

Ähnlich wie die Dänen präferieren es auch die Schweden, ihren Weg zur Arbeit mit dem Fahrrad oder zu Fuß zurückzulegen, sollte dies möglich sein. Wer in Bussen oder Bahnen festsitzt und so zur Arbeit fährt, verfügt nämlich über eine Menge tote Zeit, die nicht immer sinnvoll genutzt werden kann oder will. Das Fahrradfahren oder Laufen zur Arbeit stellt auch für die Schweden lagom dar. So wird die Umwelt geschont, insbesondere dann, wenn sogar das Auto zuhause stehen gelassen wird und die alltägliche Bewegung ist bereits abgehakt. Darüber hinaus kann diese ungenutzte Zeit einfach zu einem tollen Erlebnis werden, wenn Sie unterwegs zum Beispiel bei Ihrem liebsten Café anhalten, um sich einen Coffee to Go (im Idealfall im selbst mitgebrachten Becher) abzuholen oder den Nachbarn zu grüßen, der Ihnen gerade von der Nachtschicht entgegenkommt. Die

Schweden meiden ihre Autos in der Regel, denn diese verursachen nur Kosten und verschmutzen die Luft mit ihren Abgasen. Wenn Sie also die Möglichkeit haben die Arbeit fußläufig oder mit dem Rad zu erreichen, dann probieren Sie dies doch einfach einmal aus! Sie werden mit großer Sicherheit schnell merken, wie gut der neue Weg zur Arbeit Ihrem Körper und auch Ihrem Geist tun wird.

Lagom in der Natur

Die Schweden legen nicht nur großen Wert auf Ihr Zuhause und die Inneneinrichtung, auch die ausreichende Balance zur Natur ist von hoher Wichtigkeit. Ein Leben nur in den eigenen vier Wänden ist für die Schweden unvorstellbar, weswegen sie kreativ sind und Möglichkeiten finden, zu jeder Jahreszeit Aktivitäten im Freien auszuüben. Gemäß dem Motto: „Es gibt kein schlechtes Wetter, nur schlechte Kleidung" können auch Sie einige Ideen der Schweden übernehmen und in Ihren Alltag rund ums Jahr integrieren und somit mehr gesunde Zeit im Freien verbringen.

Nehmen Sie Herausforderungen an: Wer Teamsport mag, der sollte sich nach einem Fußball-, Volleyball- oder auch Eishockey-Verein umsehen und sich gemeinsam mit Freunden oder Teamkollegen in der Sporthalle aber auch im Freien austoben. Solche Teamsportarten fördern nicht nur Ihre Gesundheit, sondern können Ihnen sogar neue Bekannt- und Freundschaften schenken. Wer eher der Einzelgänger ist kann sich auch mithilfe von Sportarten wie dem Geländelauf, dem Yoga oder dem Joggen in Bewegung halten. Eine Vielzahl der Sportarten lässt sich zeitlich und räumlich flexibel gestalten und so ideal in Ihren Alltag integrieren.

Scheuen Sie sich nicht, dreckig zu werden: Wer durch Wald und Wiese stapft, der wird schon einmal nass oder trägt den erdigen Waldboden in seine Wohnung. Lassen Sie sich davon nicht abschrecken und werden Sie auch mal dreckig. Die Schweden zum Beispiel lieben Ihre Schneeballschlachten im Winter, sogar so sehr, dass regelmäßig Wettkämpfe stattfinden. Nach einer solchen Schlacht sind die Teilnehmer meistens kalt und durchnässt, das macht das gemütliche Tee-Trinken im Wohnzimmer jedoch noch angenehmer und zeigt wieder die Balance von Lagom.

Entspannt in der Natur: Nicht immer müssen wir uns auspowern und Sport treiben, wenn wir uns im Freien aufhalten. Organisieren Sie doch einfach ein Grillen oder Picknick im Sommer oder befüllen Sie in den kälteren Monaten eine Thermoskanne mit Tee oder heißer Schokolade und suchen Sie sich ein sonniges Plätzchen, an dem Sie die Seele baumeln lassen können. Kennen Sie außerdem das schwedische Spiel *Kubb*? Hierbei handelt es sich um ein Spiel, welches im Freien und in Teams gespielt wird und sehr einfach zu erlernen ist. Entspannte Nachmittage im Park oder eigenem Garten können durch solche Spiele den gewissen Spaß-Faktor bekommen.

Lagom für die Seele

Wer immer nur die Sonne sieht, kann diese irgendwann nicht mehr wertschätzen. Wir brauchen also auch Wolken und Regen, um uns wieder zu freuen, wenn die Sonne unsere Haut erwärmt. Genau nach diesem Prinzip versuchen die Schweden zu leben. Es geht dabei darum, die Komplexität des Lebens zu verstehen und anzuerkennen. Auch die Gefühlswelt will genauer definiert und verstanden werden. So führt ein zu hohes Arbeitspensum schnell zur Erschöpfung oder gar zum Burnout. Ein zu niedriges Arbeitspensum hingegen kann für Langeweile und einen weniger hohen Lebensstil sorgen. Die Mitte, beziehungsweise die Balance, muss also gefunden werden. Auch in der Gefühlswelt eines jeden Menschen gilt es ausgeglichen zu sein und eine gewisse Balance zu zeigen. Das bedeutet, dass negative Gefühle nicht dramatisiert und dennoch ernstgenommen werden. Negative Gefühle gehören genauso in unser Leben wie positive Gefühle. Viele Dänen haben erkannt, was ihrer psychischen Gesundheit zugute kommt. Es geht um die Achtsamkeit und die sorgfältige Beobachtung und Einschätzung der eigenen Gefühle. Dieses Bewusstsein und Akzeptanz führen dazu, dass wir weniger schnell in Depressionen verfallen, besser mit dem Scheitern umgehen können, wir Vertrauen bekommen und ein authentisches Leben führen. Auch bei unseren Gefühlen spielt Lagom also eine Rolle, denn insbesondere auf negative Gefühle sollten wir nicht zu viel und nicht zu wenig Wert legen und sie stattdessen in Balance mit unseren positiven Gefühlen wahrnehmen.

Lagom und zwischenmenschliche Beziehungen

Oftmals wird angenommen, dass die Schweden ein sehr reserviertes und zurückgezogenes Volk sind. So wirken die Einwohner Schwedens meistens zurückhaltend oder gar schüchtern. Innerhalb der schwedischen Bekanntenkreise und Freundschaften ist dies jedoch überhaupt nicht der Fall.

Wenn ein Schwede seinen Nachbarn fragt wie es ihm geht, dann wird er keine Floskel als Antwort erhalten, sondern in der Regel eine aufrichtige und ehrliche Antwort. Für die Schweden ist die Sprache etwas, was sie wörtlich nehmen. Während wir auf ein „Hey, wie geht's?“ oftmals salopp mit einem „Gut und Dir?“ antworten, obwohl es uns eigentlich nicht sehr gut geht, meinen die Schweden, was sie aussagen und sprechen Dinge darüber hinaus auch lieber auf einem direkten Weg an, als um den heißen Brei herumzureden. Das bedeutet, dass in den Konversationen der Schweden weniger Missverständnisse entstehen, vor allem aus dem Grund, dass eine ehrliche und aufrichtige Sprache geschätzt wird. Auch Gesprächspausen sind in schwedischen Konversationen nichts Negatives, die Schweden präferieren es nämlich lieber nichts zu sagen, also zu viel über sich selbst zu sprechen oder gar zu prahlen. Das ideale Lagom-Gespräch stellt somit eine Mischung aus Reden und Zuhören dar. Dass das Zuhören in einer Konversation fast wichtiger ist als das Sprechen vergessen wir ab und zu schon einmal. Achten Sie also in Gesprächen mit Freunden und der Familie auf eine lagom Verteilung von Sprechen und Zuhören – nicht zu viel und nicht zu wenig. Sie werden schnell merken, welch hochwertige Gespräche durch solch eine Haltung und Balance entstehen können.

Das eigene Zuhause – der Place to be

Dieser Textabschnitt wird Sie wahrscheinlich wieder sehr stark an Hygge erinnern, denn genau wie die Dänen mögen es auch die Schweden, ihre Freizeit im eigenen Zuhause zu verbringen. Anstatt sich also in Cafés oder Bars zu treffen, laden die Schweden bevorzugt zu sich nach Hause ein. Ob das gemeinsame Kaffee-Trinken, Geburtstagsfeiern oder Grillfeste im Sommer – Zuhause ist es für die Schweden doch immer am schönsten. Auch das spiegelt erneut die Lehre von Lagom wider: Wer nicht ausgeht, der spart Zeit und Geld. Der Weg zum Café kann zwar zu Fuß gestaltet werden und somit ein kleines Abenteuer darstellen, jedoch ist insbesondere der Kostenfaktor das ausschlaggebende Kriterium dafür, dass Schweden einfach lieber Zuhause bleiben. Das bedeutet aber nicht, dass die Schweden nicht sozial sind. Die gemeinsamen Treffen im eigenen Zuhause oder in dem Zuhause von Freunden oder Familienmitgliedern werden gerne mit vielen Menschen verbracht. Dabei kann ein solches Treffen akribisch geplant werden, wie zum Beispiel das gemeinsame Schauen des Eurovision Song Contests, welcher in ganz Skandinavien sehr beliebt ist oder auch das gemeinsame Grillen, zu dem jeder Gast etwas mitbringt. Darüber hinaus haben die Schweden aber auch nichts gegen spontane Treffen, wie ein kurzes Kaffee-Trinken oder ein kleines Gespräch mit dem Nachbarn über den Gartenzaun hinweg. Die Vorteile der Gestaltung der Freizeit im eigenen Zuhause sind für die Schweden dabei enorm: Einerseits befinden sie sich im Komfort des eigenen Zuhauses, andererseits lässt sich die Party mühelos und auch vorab organisieren. Der niedrige finanzielle Aufwand, insbesondere dann wenn die Gäste zum gemeinsamen Essen beitragen, ist ein zusätzliches Plus, welches die Schweden gerne nutzen.

Auch Sie können wie die Schweden Zeit mit ihren Freunden und Ihrer Familie im eigenen Zuhause zu verbringen. Nicht immer ist es leicht, hierfür einen Anfang zu finden, insbesondere dann wenn Sie es nicht gewohnt sind, sich in der eigenen Wohnung zu treffen. Suchen Sie nach Gemeinsamkeiten zwischen Ihnen und Ihren Liebsten und formen Sie daraus Möglichkeiten für ein gemeinsames Treffen. Wenn Sie und Ihre Freunde zum Beispiel gerne lesen, bietet es sich an einen Buchclub zu gründen. Verfolgen Sie eine bestimmte TV-Serie, so können Sie sich treffen um diese gemeinsam zu schauen. Auch das Einladen zum Spieleabend oder zum gemeinsamen Kaffee-Trinken geht in der Regel leicht von der Zunge und kann ganz schnell und leicht zur Tradition werden.

Eine weitere Möglichkeit, um die Freizeit auf Lagom-Art zu verbringen und Gemeinschaft zu erleben, sind Vereine und organisierte Gemeinschaften. Die Schweden sind gerne Vereinsmitglieder, denn auch das ist für sie lagom. So vertreten schwedische Vereine in der Regel bereits Lagom-Werte und legen einen hohen Wert auf die Gemeinschaft. Auch geht es in solchen Vereinen nicht um die individuelle Leistung, sondern um das gemeinsame Vergnügen und Erlebnis. Auch für Sie kann es sich also anbieten, sich einen Verein zu suchen, sei es im sportlichen, literarischen oder künstlerischen Bereich – Aktivitäten in der Gruppe helfen uns nämlich, Stress abzubauen und unsere geistige Gesundheit zu fördern.

Die Planbarkeit von Freundschaft

Wenn die Schweden sich miteinander verabreden, bestimmt nicht ein Einzelner, was wann und wo gemacht wird. Stattdessen handelt es sich um eine kollektive Entscheidung, die die Vorlieben und Möglichkeiten aller Beteiligten mit einbezieht. Wer sich also zum Spazierengehen im Wald treffen möchte, klärt zunächst die Zeit und den Ort, damit auch alle Beteiligten die Möglichkeit haben, mitzumachen. Der große Vorteil dieser Handhabung ist, dass sich schlussendlich niemand ausgeschlossen fühlen kann, denn alles Wichtige wurde zuvor besprochen und der kollektive Konsens wurde beachtet. Vielleicht mag dies auf Sie zunächst etwas umständlich wirken, wo bleibt schließlich die Spontanität? Für die Schweden ist dieses Vorgehen dabei alles andere als kompliziert. Dadurch, dass miteinander sehr geradlinig kommuniziert wird, lassen sich solche Planungen einfach und schnell ausführen und das Ergebnis ist, dass niemand zu kurz kommt oder sich in der Gruppe unwohl fühlen kann.

Auch, wenn Sie also eher zu den spontaneren Menschen gehören, bietet es sich an, die nächsten Unternehmungen mit Ihren Freunden einfach einmal genauer zu planen. Sie werden merken, wie viel Stress durch solch eine Planung entfällt. So fühlt sich nicht nur jeder Einzelne wohl, Sie können das jeweilige Erlebnis auch voll und ganz genießen ohne sich Sorgen um die Verpflegung, den Freund der zu spät kommt oder den Heimweg machen zu müssen.

Lagom und unser Planet

Vielleicht haben Sie in den letzten Monaten oder Jahren von der jungen Schwedin gehört, die in der Politik für eine Menge Aufruhr sorgt, was das Thema Klimapolitik angeht. Greta Thunberg spricht dabei nicht die Meinung einer einzelnen Person aus, sondern steht repräsentativ für die gesamte Gesellschaft Schwedens – Klimaschutz wird hier sehr großgeschrieben. Das spiegelt sich auch in dem sogenannten Jedermannsrecht[xv] wider, welches die Balance der Schweden mit ihrer Natur repräsentiert. Das Jedermannsrecht besagt, dass die Bevölkerung Schwedens die Natur in vollen Zügen nutzen darf und soll. So ist das Bewegen in der Natur überall, selbst auf privatem Land, gestattet. Darüber hinaus ist es in Schweden legal, Beeren und Pilze im Wald zu sammeln oder wild zu zelten. Gleichzeitig jedoch gilt im Jedermannsrecht auch folgende Regel: Nicht stören, nichts zerstören. Den Schweden ist es erlaubt, ihre Umwelt zu genießen und von dieser zu profitieren. Gleichzeitig jedoch müssen alle Schweden darauf achten, die Umwelt zu schonen, nicht zu viel zu nehmen und nichts zu zerstören. Dieses seltsam klingende Gesetz ist tatsächlich in der schwedischen Verfassung verankert und das zeigt sich auch in Statistiken zum Umweltschutz. So werden 54,6% des Bruttoendenergieverbrauchs Schwedens durch erneuerbare Energien gewährleistet. Deutschland zum Beispiel erhält 16,5% des verbrauchten Stroms aus erneuerbaren Energien.[xvi]

Sei es durch Lagom oder einfach durch die Liebe zur Natur – die Schweden engagieren sich für Öko-Belange. Die Fahrpreise für den öffentlichen Personennahverkehr sind nicht umsonst günstiger als in vielen anderen Ländern und das Bus- und Bahnen-Netzwerk ist unkompliziert, leicht verständlich und dennoch groß ausgebaut. Somit profitieren die Einwohner Schwedens von diesem System, aber auch die Regierung erhält ihren Teil. Das Wichtigste ist jedoch, dass die Umwelt geschont wird, was durch eine vereinfachte und günstigere Nutzung vom öffentlichen Personennahverkehr erst möglich gemacht wird. Auch das Vertrauen zueinander erleichtert den Umweltschutz. Die Schweden recyceln ihre Abfälle sehr ordentlich und tun dies in dem Vertrauen, dass auch ihre Nachbarn recyceln. Bestimmt haben Sie in Bezug auf den Umweltschutz schon mehrmals einen der folgenden Sätze gehört: „Was bringt es denn, wenn ich die Umwelt schütze, wenn alle anderen es nicht tun?“. Wir schauen immer wieder auf unsere Nachbarn und Nachbarländer und sind frustriert, wenn diese die Umwelt nicht so stark schützen, wie wir es tun. Umweltschutz bedeutet nämlich nicht, dass unser Leben einfacher wird. Im Gegenteil: Wir müssen mehr auf uns nehmen, mehr planen oder mehr Dinge selbst herstellen, um die Umwelt zu schützen. Die Schweden wissen jedoch, dass insbesondere ihre Landsmänner und -frauen mit ihnen an einem Strang ziehen und haben Vertrauen darin, dass so ein gemeinsames Ziel erreicht werden kann.

Auch wenn Sie vielleicht nicht in Schweden leben und dementsprechend eher mit Frustration in Sachen Umweltschutz zu kämpfen haben, können Sie dennoch als Vorbild vorangehen. Lassen Sie das Auto zuhause stehen und fahren Sie mit dem Fahrrad zur Arbeit. Recyceln Sie und konzentrieren Sie sich auf Second-Hand-Produkte. Versuchen Sie zu verstehen, was die Schweden schon lange verstanden haben: Wir leben in einer kostbaren Balance mit unserer Umwelt und das bedeutet, dass wir nicht zu viel und zu wenig nehmen dürfen. Die Schönheit der Natur, die Freiheit, die Freizeit im Wald oder im Park verbringen zu können, das Pilze sammeln und der Sonnenuntergang, der bewundert wird – all dies sind Dinge, die wir von der Natur geschenkt bekommen. Es wird also an der Zeit, dass wir ebenso viel zurückgeben und beginnen, die Natur zu fördern und zu schützen.

Machen Sie es also wie die Schweden und leben Sie ein Leben voller lagom – ein Leben, in dem Sie nicht zu viel und nicht zu wenig besitzen und von einem Zustand profitieren, der genau richtig ist!

Der skandinavische Schlüssel zu einem rundum glücklichen Leben

Die Einwohner Skandinaviens gelten nicht umsonst als die glücklichsten Menschen unserer Welt. Durch Hygge, Lykke und Lagom verfügen diese Menschen über Prinzipien, die ihnen mehr Gemütlichkeit, mehr Glück und mehr Zufriedenheit bringen. Auch Sie können von diesen Konzepten profitieren. Dabei müssen Sie selbstverständlich nicht zwingend alle Konzepte auswendig kennen oder von A bis Z ausführen. Allein das Wissen über die skandinavischen Glücks-Rezepte kann Ihnen zu einem hochwertigeren Leben verhelfen. Wie Sie in diesem Ratgeber häufiger lesen durften, ist es uns nicht immer möglich, unsere Gesellschaft und unser politisches System von heute auf morgen einfach umzukrempeln. Beginnen Sie im Kleinen, fangen Sie bei sich selbst an und probieren Sie doch einfach einmal den einen oder anderen kleinen Tipp aus. Dabei müssen Sie sich nicht ausschließlich auf eines der drei vorgestellten Konzepte konzentrieren. Nutzen Sie das, was Sie einfach in Ihr Leben integrieren können und arbeiten Sie so nach und nach an einem Leben, welches mehr Hygge, mehr Lykke und mehr Lagom beinhält. Mit der Zeit wird es Ihnen vermutlich gar nicht mehr auffallen, dass Sie Dinge tun, die Sie sich von den Skandinaviern abgeschaut haben, aber die Freude und das Glück, das Sie empfinden werden, neigt dazu, ansteckend zu sein und auch Ihre Freunde und Familienmitglieder zu begeistern. Machen Sie also den ersten Schritt und bringen Sie so nach und nach mehr Gemütlichkeit, Glück und Zufriedenheit in Ihr eigenes Leben, in das Leben Ihrer Mitmenschen und somit schlussendlich in die gesamte Gesellschaft!

Impressum:

Covergestaltung: lauria
Coverfoto: Depositphotos_ 229931770

Herausgeber:
Mike Taubald
Eisenberger Straße 90
07629 Hermsdorf

Notizen

Notizen

[i] Martela, Frank, Bent Greve, Bo Rothstein und Juho Saari: *The Nordic Exceptionalism: What Explains Why the Nordic Countries Are Constantly Among the Happiest in the World.* World Happiness Report. März 2020, Web: https://worldhappiness.report/ed/2020/the-nordic-exceptionalism-what-explains-why-the-nordic-countries-are-constantly-among-the-happiest-in-the-world/. Abgerufen am 04.01.2021.

[ii] Helliwell, John F., Haifang Huang, Shun Wang und Max Norton: *Social Environments for World Happiness.* World Happiness Report. März 2020, Web: https://worldhappiness.report/ed/2020/social-environments-for-world-happiness/. Abgerufen am 04.01.2020.

[iii] s. ebd.

[iv] HelgiLibrary: Sugar Consumption Per Capita in Denmark. https://www.helgilibrary.com/indicators/sugar-consumption-per-capita/denmark/. Abgerufen am 12.01.2021.

[v] Coffee-perfect: https://www.coffee-perfect.de/kaffeewissen/weltweiter-kaffeekonsum.html. Abgerufen am 12.01.2021

[vi] Happiness Research Institute: https://www.happinessresearchinstitute.com/experts. Abgerufen am 15.01.2021

[vii] Schmid, Wilhelm: *Glück – Alles, was Sie darüber wissen müssen, und warum es nicht das Wichtigste im Leben ist.* Insel Verlag, 2007.

[viii] Der Spiegel*: 60.000 Euro jährlich reichen für vollendetes Glück.* https://www.spiegel.de/wirtschaft/soziales/reichtum-studie-60-000-euro-jaehrlich-reichen-fuer-vollendetes-glueck-a-716132.html. Abgerufen am 18.01.2021.

[ix] P. Brickman, D. T. Campbell: *Hedonic relativism and planning the good society*. In: M. H. Appley (Hrsg.): *Adaptation-level theory*. New York 1971, S. 287–305.

[x] Riewerts, Meike: *Dänemarks Suizidrate sinkt.* Der Nordschleswiger, 11.02.2019. Online: https://www.nordschleswiger.dk/de/daenemark-gesellschaft/daenemarks-suizidrate-sinkt. Abgerufen am 20.01.2021.

[xi] Helliwell, John F., Haifang Huang, Shun Wang und Max Norton: *Social Environments for World Happiness.* World Happiness Report. März 2020, Web: https://worldhappiness.report/ed/2020/social-environments-for-world-happiness/. Abgerufen am 22.01.2020.

[xii] Badovinac, Julia et. al.: *Human Energy in the Context of Work-Nonwork Interface: A Look at the Everyday.* Academy of Management Annual Meeting Proceedings, University of Toronto, August 2020.

[xiii] World Economic Forum: *The Global Competitiveness Index 4.0 2019 Rankings.* URL: http://www3.weforum.org/docs/WEF_TheGlobalCompetitivenessReport2019.pdf. Abgerufen am 23.01.2021.

[xiv] Friskis & Svettis e.V.: *Was ist Friskis & Svettis?* URL: http://www.friskissvettis-hamburg.de. Abgerufen am 25.01.2021.

[xv] Sweden.de: *Umweltengagement für Generationen*. URL: https://sweden.se/wp-content/uploads/2013/11/Umvelt-high-resolution.pdf. Abgerufen am 25.01.2021.

[xvi] Statistisches Bundesamt: *Schweden.* URL: https://www.destatis.de/Europa/DE/Staat/EU-Staaten/Schweden.html. Abgerufen am 25.01.2021.

Printed in Poland
by Amazon Fulfillment
Poland Sp. z o.o., Wrocław

31581846R00067